全本全注全译丛书

中华经典名著

李冲锋◎译注

增广贤文

中华书局

目录

前言

　　《增广贤文》原名《昔时贤文》，亦称《古今贤文》。该书不知辑自何人，始于何时。书名最早见之于明朝万历年间汤显祖的戏曲《牡丹亭》。其中第七出《闺塾》有云："【绕地游】（旦引贴捧书上）素装才罢，款步书堂下，对净几明窗潇洒。（贴）《昔氏贤文》，把人禁杀，怎时节则好教鹦哥唤茶。"据考证，此处《昔氏贤文》即《昔时贤文》。由此可推知，此书最迟成书于万历年间。相传由明朝中叶的一个儒生编纂。后来，经过明、清两代文人的不断增补修订，这部书才成为现在的面貌，称为《增广昔时贤文》，通称《增广贤文》，或简称《增广》。

　　自清朝后期以来，这部书就风靡全国，影响极大，几乎家喻户晓，妇孺皆知。旧时人们说："读了《增广》会说话，读了《幼学》走天下。"一些人即使没读过《增广贤文》，由于经常听他人口口相传，也能够说出其中的一些名言警句。

　　《增广贤文》里的语句十分精辟，言语浅白，含义深刻，通俗易懂；形式上，大多两两相对，音韵和谐，朗朗上口，一经成诵，便经久难忘。《增广贤文》的内容相当广泛，涉及立身安命、为人处世、礼仪道德、风物典故、天文地理、自然规律等多方面，体现了儒、释、道等多种思想，蕴含着丰厚的人生智慧。具体说来，主要有以下主题：

　　一、惜时劝学。古人很早就意识到时光如水，不舍昼夜，并有很多形象化的表达:例如"人生一世,草木一春","枯木逢春犹再发,人无两度再少年","光阴似箭,日月如梭"等,都是我们耳熟能详的句子。他们也劝人勤学,认为读书比积累黄金更重要,如"少壮不努力,老大徒伤悲","读书须用意,一字值千金","积金千两,不如明解经书"等。这些金句也都脍炙人口。

二、品格修养。修身是人生第一要务,本书涉及很多方面:如仁义无价,"钱财如粪土,仁义值千金"等;如自强不息,"人老心未老,身贫志不穷"等;如宽容谦让,"将相顶头堪走马,公侯肚里好撑船","亏人是祸,饶人是福"等;如诚信待人,"许人一物,千金不移","人而无信,不知其可也"等;如自省精神,"平生只会量人短,何不回头把自量"等。这些潜藏着无穷哲理的句子,融合了儒家仁义礼智信、温良恭俭让等传统文化美德的优秀价值观。

三、人际关系。主要包括亲子关系,如"儿孙自有儿孙福,莫为儿孙作马牛";兄弟关系,如"兄弟相害,不如友生";夫妻关系,如"夫妻相好合,琴瑟与笙簧";朋友关系,如"相逢好似初相识,到老终无怨恨心","知音说与知音听,不是知音莫与弹"。这些语句对于如何处理好各种人际关系也有很强的指导意义。

四、批判社会黑暗丑陋。如写到司法不公、诉讼之难:"一字入公门,九牛拖不出","衙门八字开,有理无钱休进来";揭露人性丑陋:"莫信直中直,须防仁不仁","有钱道真语,无钱语不真";感叹世态炎凉:"有茶有肉多兄弟,急难何曾见一人","人情似纸张张薄,世事如棋局局新"。

五、古人的天道观。例如"顺天者存,逆天者亡","人间私语,天闻若雷。暗室亏心,神目如电"。古人认为,凡事遵循天道,才会得到好的结果。这固然受限于科学和时代的因素,却很有积极意义,比如引导人们向善向美、遵循客观规律等,我们今天仍然会用"天理难容"这样的成语。

此外,本书还有很多句子体现了古人居安思危的忧患意识、知足知止的生存智慧、物极必反的辩证思维方法，这些对于今天的我们为人处世同样有疗效。

然而，本书毕竟是封建社会、农业时代的产物，不可避免地带有鲜明的时代印痕和思想局限。如宿命论，"死生有命，富贵在天""万事皆先定，浮生空自忙"。如因果报应，"善有善报，恶有恶报"等。如男尊女卑的观念，"在家从父，出嫁从夫""有儿贫不久，无子富不长"，这种价值观明显已经过时。书中也有不少消极颓废的思想，如"月过十五光明少，人到中年万事休""今朝有酒今朝醉，明日愁来明日忧"；但求自保、不顾大局的观念，如"见事莫说，问事不知。闲事莫管，无事早归"。对这类内容，我们在今天应该批判地对待。

书中还有些内容十分相似，甚至部分重复。例如："白发不随老人去，看来又是白头翁。""记得少年骑竹马，看看又是白头翁。""儿孙自有儿孙福，莫为儿孙作马牛。""莫把真心空计较，儿孙自有儿孙福。"之所以出现这种情况，或许是这些话语在不同时代、不同地方流传，后加入书中而未加审读造成的。

《增广贤文》在结构上没有什么组织，每则之间没有多少联系，这使得本书显得有些散乱。这与编纂者没有精心整理有关，也或许是因为不同时代的人分散累积补缀造成的，当然，这也与它是格言警句的集锦有关。无论如何，这些经过大浪淘沙沉淀下来的经典语句，每一句都是智慧的结晶，是人类世代积累的经验的传递，是一种价值理念、道德观念、社会知识等的"再生产"。

《增广贤文》的内容来源十分广泛，大部分直接来自先秦典籍、诸子言论、笔记小说、诗词曲赋等，博采众长，名句荟萃。"有文言，有俗言，有直言，有婉言，有善恶言、勉戒言、在家出家言，复有仕宦治世言，隐逸出世言，士农工商，无一不备。"（何荣爵《重订增广序》）。通过对《增广贤文》每则格言源流的梳理考察，可以发现来源较多的除"四书五经"外，还有佛教典籍《五灯会元》、戏曲《琵琶记》等著作。在明末藏书家毛晋编辑的《六十种曲》里，也可以看到明代中期以前的很多戏曲杂剧已广泛征引《增广贤文》里的语句了，这说明彼时《增广贤文》已经相当流行。而在之后的"三言二拍"中，《增广贤文》里的语句就更为随处可见。通过对源流的探究，可以推断原文在流传过程中的一些用字讹误，如"黄金无假，阿魏无真"应为"黄芩无假，阿魏无真"。同时，源流的梳理也为理解原文提供了有益的帮助，因为有些语句如果脱离了上下文和原始语境，我们就无法准确理解其内在含义。

中华优秀传统文化具有非常强大的生命力与延续性。《增广贤文》作为古人宝贵人生经验的总结，具有价值引领、方法指导、动力激发等多重功能，可以给人以中华优秀传统文化的积极人生力量。因此，这部书被人们视为处世金箴、做人指南。几百年来，《增广贤文》流传至今并且仍然是许多人所喜爱的读物，其辩证看待问题的理性态度、得宠思辱的忧患意识、知足知止的乐观心态、讲仁义守诚信的价值理念，对于现代人的行为规范仍然具有灯塔般的指引作用。因此，这是一部人生之书，值得终生细品慢悟，学习借鉴。读《增广贤文》，有时像拜访了一位饱经沧桑的老者，因听其谆谆之言而醍醐灌顶；有时又像偶遇了一个鲜衣怒马的少年，因见其生机蓬勃而为之欢喜。

如前所述，本书对人性丑恶、官场腐败、世态炎凉等诸多问题的揭露与批判十分犀利。有人认为，作为一部蒙学读物，这些过多聚焦人情冷暖的句子对于儿童来说不够友好，过于世俗和早熟。然而，社会的阴暗面不会因我们的一时屏蔽而凭空消失，正如罗曼·罗兰所言："世界上只有一种英雄主义，那就是在看清生活的真相后依然热爱生活。"《增广贤文》中的语句直面世事的复杂、人性的弱点，其对人性的深刻洞见，对世情的冷峻观察，正是这部书的深刻所在。或许，我们也不应低估孩子的辨别力，这是人本自具足的判断能力。

《增广贤文》的版本除通行本外，还有改本、重订本、新编本等多种。清朝咸丰年间，一位署名硕果山人（生平不详）的儒士，对它进行了一番修订补缀，并且按字数多少，以四言、五言、六言、七言、杂言的顺序分五个部分编排，末附对仗俚语57联，书名更易为《训蒙增广改本》，特别标明了童蒙教育的鹄的。清朝同治八年（1869），儒生周希陶（生卒、籍贯不详）对《昔时贤文》稍作删补，以平韵、上韵、去韵、入韵等四韵进行了新的编排，即成《重定增广》。

本次"中华经典名著全本全注全译丛书"之《增广贤文》，是以国家图书馆所藏清末聚善堂本《改良增广贤文》为底本，同时参校了1912年上海昌文书局出版的《绘图明贤集》，以及1937年《全本增广贤文（绘图格言）》等版本。对于不同版本中的重要异文，在注释中加以说明。在条目划分时，不求形式的整齐，而求句意的完整，一个独立的句意即为一则条目，共三百多则条目。

本书在体例上分为注释、译文、点评三部分。"注释"部分，除字词释义外，还标明语句的来源及演变等。由于本书流传过程中经过了不同时代不同人的辑录增补，所以，我们尽量大海捞针，搜罗出某一语句所见较早的古代典籍。"译文"部分以直译为主，意译为辅。"点评"部分是对原句的评析及拓展等，以期加深读者对原句的理解，同时起到交流之作用。

本书编写幸赖前人的研究成果，特别参考了今人郭俊峰、张菲洲译评本，张齐明译注本，冯国超译注本等版本，在此一并表示感谢。胡香玉编辑为本书出版给予了大力帮助。在体例确定、版本考证、内容调整、字词校对等方面，她都付出了大量心血。在此深表感谢。

虽已尽心写作，然学力不逮，识浅见陋在所难免，恳请读者批评指正。

李冲锋

2020年12月

于卧书公室

一

　　昔时贤文①,诲汝谆谆②。集韵增广③,多见多闻④。观今宜鉴古⑤,无古不成今⑥。

【注释】

①昔时:过去,从前。贤文:贤达之人所作文章,或曰精悍优美的文字。

②诲(huì)汝(rǔ)谆谆(zhūn):恳切教导你。《诗经·大雅·抑》:"诲尔谆谆,听我藐藐。"诲,教导,劝说。汝,你。谆谆,恳切、耐心的样子。

③集韵:按照韵文的形式采集编排。韵,韵语,韵文,如诗、词、曲、赋、对联等。增广:增加见闻,广开视野。

④多见多闻:多看别人行事,多听别人说话。此指读此书能带来增加见闻之效果。《论语·为政》:"子张学干禄。子曰:'多闻阙疑,慎言其余,则寡尤;多见阙殆,慎行其余,则寡悔。言寡尤,行寡悔,禄在其中矣。'"

⑤鉴(jiàn)古:指以古为镜。《新唐书·魏徵传》载唐太宗语:"以铜为鉴,可正衣冠;以古为鉴,可知兴替;以人为鉴,可知得失。朕尝保此三鉴,内防己过。今魏徵逝,一鉴亡矣。"鉴,镜子。

⑥无古不成今：没有过去就没有今天。据《庄子·知北游》，冉求问于仲尼曰："未有天地可知邪？"仲尼曰："可。古犹今也。"冉求失问而退。明日复见，曰："昔者吾问'未有天地可知乎？'夫子曰：'可。古犹今也。'昔日吾昭然，今日吾昧然，敢问何谓也？"仲尼曰："昔之昭然也，神者先受之；今之昧然也，且又为不神者求邪！无古无今，无始无终。未有子孙而有子孙可乎？"冉求未对。

【译文】

从前贤达之人的文字，对你有恳切的教益。收集文质兼美的格言警句，可以帮助你扩充耳目、广博见闻、增加智慧。观察体悟今日之世事，应以古代的历史为借鉴，因为今天是由过去延续而来的，没有过去就没有现在。

【点评】

本则阐明阅读"昔时贤文"的重要性，彰明编纂本书的宗旨。

作者认为，"贤文"对人的成长具有重要作用。阅读昔时流传下来的"贤文"，可以鉴古知今，帮助人们更好地传承历史、理解现实，从而更好地生活在当下。虽然斗转星移，世事变迁，但人性是相通的，古人修身齐家的智慧、为人处世的原则、观照世界的理念，不会因时空转换而成为明日黄花。经过大浪淘沙，那些昔日贤文中的格言警句，已成为中华优秀传统文化的一部分，是古人留下的宝贵精神财富，对当代人立身处世仍有很强的借鉴意义和不同角度的启迪。

二

知己知彼①，将心比心②。

【注释】

①知己知彼：认识自己、了解他人。《孙子兵法·谋攻篇》："知彼知

己者，百战不殆；不知彼而知己，一胜一负；不知彼不知己，每战必殆。"

②将心比心：以自己的感受衡量他人的感受。《朱子语类·传十章释治国平天下》："问：'前后左右何指？'曰：'譬如交代官相似。前官之待我者既不善，吾毋以前官所以待我者待后官也。左右，如东邻西邻。以邻国为壑，是所恶于左而以交于右也。俗语所谓"将心比心"，如此，则各得其平矣。'"将，拿、用。比，比较，衡量。

【译文】

人要认识自己，同时也要了解他人；要以自己的感受衡量别人的感受。

【点评】

这两句是说人际交往的准则。

《孙子兵法》中的"知彼知己者，百战不殆"，指作战时，对敌方与我方的情况全面把握，才能百战不败，突出强调了熟悉彼此情况的重要性。而在与人相处时，"知己知彼"是要做到认清自己的特点，又熟悉对方的性格和需求，这样才能相处得长久。

知彼不易，知己尤难。《老子》第三十三章云："知人者智，自知者明。"王弼注云："知人者，智而已矣，未若自知者，超智之上也。"由此可见，自知比知人更需要智慧。《韩非子·喻老》说："故知之难，不在见人，在自见。故曰：'自见之谓明。'"认识事物的困难，不在于看清别人，而在于看清自己。所以，能彻底认清自己才叫明察。

将心比心，即今日所谓"换位思考"，拿自己的感受来体谅别人的感受，才容易感同身受，才可能理解他人，减少误解，使人与人的关系更为融洽。《论语》提出"忠恕之道"，强调"己所不欲，勿施于人"。这种"推己及人"的思维方式与情感模式是中华传统美德得以形成的源泉，是人类能够和谐相处、共生共存的基础。

三

酒逢知己饮,诗向会人吟^①。

【注释】

①"酒逢知己饮"二句:《五灯会元·渺谭文准禅师》:"蓦拈拄杖,起身云:'大众宝峰何似孔夫子?'良久曰:'酒逢知己饮,诗向会人吟。'卓拄杖,下座。"知己,能够理解自己的人。会人,能够领悟的人。会,懂得,理解。吟(yín),吟咏,吟诵。

【译文】

酒要与能够理解自己的人一起喝,诗要向真正懂诗的人吟咏。

【点评】

这两句是说知己的重要。

人们都希望他人能够理解自己、认可自己、欣赏自己,这样的人会被认为是知己。与知己在一起交流谈心,能够引起情感的共鸣、思想的共振、价值的认同,由此带来身心的愉悦,堪称人生快事。欧阳修在《春日西湖寄谢法曹韵》中有言:"酒逢知己千杯少,话不投机半句多。"

酒逢知己饮,是"我醉欲眠卿且去,明朝有意抱琴来"的率性随意,是"劝君更尽一杯酒,西出阳关无故人"的深情嘱托;诗向会人吟,是陆凯寄给范晔的"江南无所有,聊赠一枝春",是刘禹锡回应白居易的"今日听君歌一曲,暂凭杯酒长精神"。

四

相识满天下,知心能几人^①?

【注释】

① "相识满天下"二句:《五灯会元·云盖继鹏禅师》:"问:'佛未出世时如何?'师曰:'天。'曰:'出世后如何?'师曰:'地。'上堂:'高不在绝顶,富不在福严。乐不在天堂,苦不在地狱。'良久曰:'相识满天下,知心能几人?'"

【译文】

相识之人千千万万,满天下都是,但真正能够相知的又有几个人呢?

【点评】

这两句是说"知音难觅"。

知己是精神的相契和共情,俞伯牙与钟子期的高山流水是知己,管仲与鲍叔牙的相知相荐是知己。有的知己是一见如故,有的知己是日久生情。无论怎样,知己需要经营,更需要缘分,不是轻易能遇到的。正因知音难觅,鲁迅发出了"人生得一知己足矣"的慨叹。

五

相逢好似初相识①,到老终无怨恨心。

【注释】

①初相识:第一次见面互相认识。

【译文】

如果人与人每次相逢都能做到像第一次见面时那样互尊互敬,那么即使相交到终老也不会产生怨恨之心。

【点评】

这两句讲人际交往之道。

人与人相交,难得的是不改初心。初识之人总会互尊互敬、热情周到、不犯禁忌,人与人之间的交往若能自始至终都保持如此状态,情谊就可以长久。清朝词人纳兰性德也发出过类似感慨："人生若只如初见,何事秋风悲画扇。"人生如果都像初次相遇那般相处,该是多么美好,那样就不会有后来的相思之苦了。

六

近水知鱼性①,近山识鸟音②。

【注释】

①鱼性:鱼的生活习性。《诗经·小雅·鹤鸣》:"鱼潜在渊,或在于渚。……鱼在于渚,或潜在渊。"笺云:"此言鱼之性。寒则逃于渊,温则见于渚。"

②识:辨识。鸟音:鸟的鸣叫声。金代高公振《裴氏西园》:"竹阴疏处见潭影,人语定时闻鸟音。"

【译文】

居于水边的人,可知晓各种鱼的生活习性;住在大山附近的人,能辨别各种鸟的鸣叫声。

【点评】

这两句说明环境对人的知识、才能长进的重要影响,也说明要认识某些事物必须要深入了解观察它们。

经常接触某些事物,时间长了慢慢就会熟悉它们的特点、进而很容易辨识它们。人对自己所处环境中事物特征的把握,与人的主动认识是分不开的。环境影响与个人努力是成就自我、认识世界的双重原因。

七

易涨易退山溪水,易反易覆小人心①。

【注释】

①小人：指识见浅狭或心口不一的人。

【译文】

容易涨也容易退的是山溪里的流水，容易变化无常的是小人的心态。

【点评】

这两句重在说小人的反复无常。

本则以容易涨退的山涧流水的变化，来类比小人容易反复无常的心态。小人因对事物认识不清，或者贪图眼前利益，而不断变化想法，所以心态常常反复不定。品质高尚的人言行一致，言必信，行必果；品质差的人表里不一，反复无常，见利忘义。易反易复，是人生大忌。

八

运去金成铁，时来铁似金①。

【注释】

①"运去金成铁"二句：宋邵康节《养心歌》："得岁月，忘岁月；得欢悦，忘欢悦。万事乘除总在天，何必愁肠千万结？放心宽，莫胆窄，古今兴废言可彻。金谷繁华眼里尘，淮阴事业锋头血。陶潜篱畔菊花黄，范蠡湖边芦月白。临会上胆气雄，丹县里箫声绝。时来顽铁有光辉，运退黄金无艳色。逍遥且学圣贤心，到此方知滋味别。粗衣淡饭足家常，养得浮生一世拙。"运，运势。时来，时运来了。

【译文】

运势逝去时，金子也像废铁一样不值钱；时运来临时，废铁也像金子一样珍贵。

【点评】

这两句讲时运对人的影响。

运气不好时，做什么事情都不顺利，有价值的东西也会变轻或没有价值；运气好时，做什么事情都会顺利，价值不大的东西也会显示出很高的价值。明代冯梦龙在《警世通言·赵春儿重旺曹家庄》有言："运去黄金失色，时来铁也生光。"

但人并非完全任由"时运"摆布，要相信事在人为，相信"机遇偏爱有准备的头脑"，先武装自己，充实头脑。《周易·系辞传》云："君子藏器于身，待时而动，何不利之有？"一个人要认识到时机、运气对人的重要影响，当运气不佳时，要等待时机，待时而动；当幸运降临时，要抓住时机，奋发有为。

九

读书须用意①，一字值千金②。

【注释】

①用意：用心。

②一字值千金：《史记·吕不韦列传》："是时诸侯多辩士，如荀卿之徒，著书布天下。吕不韦乃使其客人人著所闻，集论以为八览、六论、十二纪，二十余万言。以为备天地万物古今之事，号曰《吕氏春秋》。布咸阳市门，悬千金其上，延诸侯游士宾客有能增损一字者予千金。"后来常用"一字千金"来形容文章或书籍价值极高。

【译文】

读书一定要用心，一个字就会价值千金。

【点评】

这两句劝人读书要用功。

"一字值千金"，是"读书须用意"的动力之源，可以理解为书上的字能够带来一字千金的价值，因此要刻苦学习；也可以理解为读书用功之后,才能够写出一字千金的精妙文章,因此要用心学习。不论做哪种理解,目的都是一样的,劝人好好读书,才能获得由此带来的巨大收益。

当然,读书更多的是带给人们精神的成长。读书破万卷,不仅下笔如有神,而且对人的眼光格局的影响都是千金换不来的。

一〇

逢人且说三分话,未可全抛一片心^①。

【注释】

①"逢人且说三分话"二句:《全宋文》方大琮《与岩仲书》:"昔人出一言可见肝胆,近世则有逢人且说三分话之说。若司马氏教人自不妄语始,则其法严矣。不妄云者,直在其中,而疏率自无矣。"《五灯会元·育王怀琏禅师》:"上堂:'太阳东升,烁破大千之暗。诸人若向明中立,犹是影响相驰。若向暗中立,也是藏头露影汉。到这里作么生吐露?'良久曰:'逢人只可三分语,未可全抛一片心。参!'"逢,遇到。且,暂且。

【译文】

与人说话时只说三分,不可把自己内心的想法全部说出来。

【点评】

此则讲人际交往时的注意事项,反映了人们谨言慎行、消极避祸的戒备心理,也是人们明哲保身思想的体现。

说话时只说三分,还保留了七分意思没有说出来,这就为自己留下了回旋的空间,使自己处于一种主动的状态。这就叫不要把话说满、说死。这不仅是说话的问题,其实是做人的智慧。

当然,这样的交往方式显得不够坦诚,也会带来社交上的障碍。

一一

有意栽花花不发,无心插柳柳成荫^①。

【注释】

①"有意栽花花不发"二句:元关汉卿《包待制智斩鲁斋郎》第二折:"(鲁斋郎引张千上)着意栽花花不发,等闲插柳柳成阴。小官鲁斋郎是也。"

【译文】

用心栽种的花没有开放,无意插下的柳条却长得枝叶繁茂形成了树荫。

【点评】

这两句反映了事情发展的不可预料性。

世事难料,很多事情的发展是与人的初衷相反的。有的事情有意为之,却不成功;有的事情无心为之,却产生了意想不到的收获。虽然事物的发展具有不可预料性,但并不能因此而放弃努力。只有积极地去实践,才可能产生意想不到的收获。插柳虽无意,但也总是要先插,然后才可能成荫。

一二

画虎画皮难画骨^①,知人知面不知心。

【注释】

①画虎画皮难画骨:指画虎外表易画,骨相难描。比喻人心难测。

【译文】

画老虎,画出它的皮毛容易,难的是画出它的骨相;认识人,了解他的外貌容易,难的是了解他的内心。

【点评】

本则慨叹识人之难或知心之难。

人们容易认识事物的外表,却难以把握事物的本质;容易把握人的外表,却难以认清他的内心。常言道:"人心隔肚皮。"人们常常会把内心真实的想法掩藏起来,通过外表往往难以看清。

《史记》记载,汉朝的郦寄与吕禄是好朋友。当时吕禄等吕氏家族独揽兵权,打算叛乱。太尉周勃等大臣想要控制禁军,但束手无策。他想了一个办法,劫持郦寄的父亲郦商,胁迫郦寄游说吕禄交出兵权。吕禄以为郦寄是自己的至交,不会欺骗自己,信了他的话,离开北军出去打猎。结果,周勃趁机进入北军,遂除掉了吕氏一族。吕禄没有想到被自己认为的至交所出卖。这就是"知人知面不知心"吧。

一三

钱财如粪土①,仁义值千金②。

【注释】

①钱财如粪土:指轻视钱财。《晋书·殷浩传》:"或问浩曰:'将莅官而梦棺,将得财而梦粪,何也?'浩曰:'官本臭腐,故将得官而梦尸。钱本粪土,故将得钱而梦秽。'时人以为名言。"

②仁义:为传统道德的最高原则,与"礼、智、信"合称为五常。《礼记·曲礼上》:"道德仁义,非礼不成。"《韩非子·五蠹》:"故文王行仁义而王天下。"

【译文】

金钱和财物就像粪土一样,并没有多少价值;而仁德和道义像千锭金银一样,贵重而难得。

【点评】

本则是"重义轻利"思想的表现。

"重义轻利"是儒家文化的传统美德。孔子曾云："不义而富且贵，于我如浮云。"（《论语·述而》）意思是，违背仁义道德而得来的财富与社会地位，就像天上的浮云一样轻飘而没有意义。钱财不能买来仁义，仁义却能够带来比钱财更重要的东西。

一四

流水下滩非有意①，白云出岫本无心②。

【注释】

①滩：江河中水浅多石而水流很急的地方。

②白云出岫（xiù）本无心：晋陶渊明《归去来辞》："云无心以出岫，鸟倦飞而知还。"岫，峰峦、山谷。

【译文】

流水向下面的河滩流动并非有意为之，白云自然地飘出山峰也本是无心之举。

【点评】

本则旨在说事物的发展乃顺其自然。

流水下滩、白云出岫，都不是外力使然，而是出于自然之性。顺其自然，但却成为大自然中不可或缺的风景，显示出了自己的价值。苏轼有一首词《哨遍·为米折腰》，是根据陶渊明的《归去来辞》改写而成的，其中有两句是："云出无心，鸟倦知还，本非有意。"

人生亦当如此，凡事不必强求，顺其自然，便是幸福人生。这种顺其自然的认识，是道家思想的一种体现。

一五

当时若不登高望,谁信东流海洋深。

【译文】

当时若不是登到高处去眺望,谁会相信东流的水所抵达的海洋是那样深广呢。

【点评】

这两句说明了站位高的重要性。

常言道:站得高,才能看得远。不然就会像井底之蛙一样浅陋。《庄子·秋水》讲到河伯望洋兴叹的寓言。当"秋水时至,百川灌河"时,河伯欣然自喜,以为"天下之美为尽在己",而等他来到北海,看到海面一望无际时,才望洋兴叹原来自己是井底之蛙。王安石在《游褒禅山记》中也讲过这层意思:"古人之观于天地、山川、草木、虫鱼、鸟兽,往往有得,以其求思之深而无不在也。夫夷以近,则游者众;险以远,则至者少。而世之奇伟、瑰怪,非常之观,常在于险远,而人之所罕至焉,故非有志者不能至也。"无限风光在险峰,只有深入探究、立志高远、敢于登高远望,才能看到更美的风景。"欲穷千里目,更上一层楼。"

一六

路遥知马力,事久知人心①。

【注释】

① "路遥知马力"二句:《古尊宿语录》:"上堂,举兴化问克宾维那:'汝不久为唱道之师?'克宾云:'我不入这保社。'化云:'你会了不入,不会了不入?'克宾云:'我总不恁么。'化便打。遂罚钱五

贯,设饡饭了,趁出院。后来却法嗣兴化。师云:'还会么?路遥知马力,岁久见人心。'以拂子击禅床,下座。"

【译文】

路途遥远,才能够看出马的耐力;做事久了,才能够看出人的心性品质。

【点评】

这两句是说判断事物要经过长期观察。

唐李世民有《赠萧瑀》一诗:"疾风知劲草,板荡识诚臣。"南宋文天祥《正气歌》云:"时穷节乃见,一一垂丹青。"这些话都表达了同样的道理,只有经过事情与岁月的检验,才能看出人真正的品格。

新朝末年,刘秀起兵反抗王莽的统治,当军队经过河南颍川时,王霸前来投奔。后来,刘秀势力减弱,处境危险。随从纷纷弃他而去,只有王霸还和以前一样,忠心耿耿跟着刘秀。刘秀感慨道:"颍川从我者皆逝,而子独留,始验疾风知劲草。"最后,刘秀的力量不断壮大,终于建立了东汉王朝。王霸因为忠义,一直受到刘秀重用。汉明帝时,王霸被列为"云台二十八将"之一。

一七

两人一般心,有钱堪买金。一人一般心,无钱堪买针①。

【注释】

①"两人一般心"四句:明代南戏《杀狗记》(全名《杨德贤妇杀狗劝夫》)第十九出:"俗谚说:'家有一心,有钱买金;家有二心,无钱买针。'"一般,一样。堪(kān),能够。

【译文】

两个人同心同德,才能够拥有买到黄金的钱财;一个人一个想法,意见不一,就会沦落到无钱买针的境地。

【点评】

这两句强调人心统一的重要性。

同心协力,是做事成功的关键。《周易·系辞上》里说:"二人同心,其利断金。同心之言,其臭如兰。"人心统一,必有合力,即使困难坚如黄金,也定能攻克。反之,若离心离德,就会一事无成。团结就是力量,这是千古不易之理。

一八

相见易得好,久住难为人①。

【注释】

①"相见易得好"二句:《全宋诗》释道颜《颂古二十首》:"将谓众生苦,更有苦众生。相见易得好,共住难为人。"久住,指在他人家里住得时间长。

【译文】

初次相见的时候,容易相处融洽;若是长久住在一起,则难免有诸多不方便,产生各种矛盾。

【点评】

这两句告诫人们,做事一定要适可而止。这也是为人处世的经验之谈。

朋友或者亲戚初相见时都很亲切,客人能够得到主人的热情款待。若是住得久了,双方热情消退,情感归淡,则容易生出一些不愉快的事情,甚至会生出厌恶来。所以,也就难为人了。俗语说的"亲戚远香近臭",也是这个道理。

一九

马行无力皆因瘦,人不风流只为贫①。

【注释】

①风流:风度仪态。贫:缺乏钱资。

【译文】

马跑起来没有力气,都是因为长得太瘦了;人不风流潇洒,只是因为太贫穷了。

【点评】

本则旨在说明贫穷对人的影响与限制。

贫穷固然会影响人的物质生活,然而,一个人的仪态风度不会因贫困而受限。人生的成就并不因贫穷而被阻挡。唐王勃《滕王阁序》有"穷且益坚,不坠青云之志"的警句。在孟子看来,大丈夫能做到"富贵不能淫,贫贱不能移,威武不能屈",也是一种风流。

二〇

饶人不是痴汉,痴汉不会饶人①。

【注释】

①"饶人不是痴汉"二句:元吴亮《忍经》:"谚曰:'忍事敌灾星。'谚曰:'凡事得忍且忍,饶人不是痴汉,痴汉不会饶人。'谚曰:'得忍且忍,得诫且诫,小事成大。'"饶,饶恕、宽容。痴汉,此指没思想、没头脑的人。

【译文】

会饶恕别人的人不是痴汉,痴汉是不会饶恕别人的。

【点评】

这一则劝人学会饶恕他人。

饶恕是一种宽容的美德,使他人得以解脱,自己也得以释怀。饶恕,是一举两得、两全其美的事情。遇事斤斤计较,睚眦必报,最终是自寻烦恼,成为痴汉。凡事不必太较真,该放手时要放手,得饶人处且饶人。饶恕他人并不是一种痴傻的行为,而是一种人生的智慧。

据宋彭乘《墨客挥犀》记载,韩琦担任北都知州时,他的中表亲曾献给他一只玉盏。这玉盏完美无瑕,堪称绝世之宝。韩琦专门摆宴庆祝。谁知宴会之上,一个差役不小心碰倒桌子,玉盏被摔碎了。在座来宾无不惊愕,那差役也伏地待罪。韩琦不动神色,先笑对座客道:"物破自有时。"再对那差役说:"汝误也,非故也,何罪之有?"韩琦认为差役只是不小心而已,不是故意的,没什么罪过。如此能"饶人",当然是"痴汉"望尘莫及的。

二一

是亲不是亲[①],非亲却是亲[②]。

【注释】

①是亲不是亲:《全元曲·包龙图智赚合同义字》:"(包待制云)这老儿好葫芦提。怎生婆婆说不是就不是? 兀那李社长,端的他是亲不是亲?"

②非亲却是亲:南宋戏文《张协状元》:"(末白)亚婆,且放心,它自记得买将归。(净)我命非亲却是亲。(末)你门得镜我无因。(净)自家骨肉尚如此。(合)何况区区陌路人。"

【译文】

是亲人却不像亲人一样对待,不是亲人却像亲人一样亲近。

【点评】

这一则是说人与人之间亲与不亲,不在于是否有血缘关系,而在于是否能够真心相待。

即使有血缘上的关系,不互相关爱,也不亲热。比如,有的子女不赡养父母、有的父母动辄打骂子女,有的兄弟互相争斗,反目成仇。他们虽然是亲人,却无法获得温暖和亲近。有时,人与人之间虽然没有血缘上的关系,却能够热情相待、互相照顾,让人感到亲人一般的温暖。

二二

美不美,乡中水。亲不亲,故乡人^①。

【注释】

①亲不亲,故乡人:元佚名《冻苏秦》第三折:"凭着我胸中豪气三千丈,笔下文才七步章。亲不亲,是乡党,若今番到举场,将万言书见帝王。"

【译文】

无论是不是甜美,最爱的还是家乡的水。不管是不是亲近,眷恋的还是故乡的人。

【点评】

这两句反映了人们对家乡的热爱之情。

不论走多远,家乡永远都是人心灵的归宿,人们永远都热爱着家乡的山山水水和父老乡亲。这是每个人心头萦绕的"乡愁"。正如杜甫所言"露从今夜白,月是故乡明"。

二三

莺花犹怕春光老^①，岂可教人枉度春^②？

【注释】

①莺（yīng）花犹怕春光老：此句或本于欧阳修《六一诗话》："石曼卿自少以诗酒豪放自得，其气貌伟然，诗格奇峭，又工于书，笔画遒劲，体兼颜、柳，为世所珍。……曼卿卒后，其故人有见之者，云恍惚如梦中，言我今为鬼仙也，所主芙蓉城，欲呼故人往游，不得，忽然骑一素骡去如飞。其后又云，降于亳州一举子家，又呼举子去，不得，因留诗一篇与之。余亦略记其一联云：'莺声不逐春光老，花影长随日脚流。'神仙事怪不可知，其诗颇类曼卿平生语，举子不能道也。"莺花，黄莺和鲜花，泛指花鸟。老，消逝，逝去。

②枉：白白地。春：青春年华，指人生中的美好光阴。

【译文】

黄莺和鲜花尚且担忧春天时光的流逝，人们怎么可以白白浪费大好的青春年华呢？

【点评】

此则教人惜时。

时间是最宝贵的资源。古人早就意识到时间比玉璧和黄金还要珍贵。《淮南子·原道训》中有言："故圣人不贵尺之璧，而重寸之阴，时难得而易失也。"圣人不看重直径一尺的玉璧，而认为一寸光阴更为贵重。这正是《千字文》所说的"尺璧非宝，寸阴是竞"，后来也有"一寸光阴一寸金，寸金难买寸光阴"的谚语。

"林花谢了春红，太匆匆。"青春对于每个人只有一次，青少年更应该好好把握时间，奋发有为，不让年华虚度，不让青春有悔。

二四

相逢不饮空归去，洞口桃花也笑人^①。

【注释】

① "相逢不饮空归去"二句：宋吴开《优古堂诗话》："唐李敬方《欢醉诗》云：'不向花前醉，花应解笑人。只因连夜雨，又过一年春。日日无穷事，区区有限身。若非杯里酒，何以寄天真。'杜子美绝句云：'二月已破三月来，渐老逢春能几回？莫思身外无穷事，且尽生前有限杯。'二诗虽相沿，而杜则尤工者也。世所传'相逢不饮空归去，洞口桃花也笑人'之句，盖出于敬方云。"

【译文】

朋友相逢，如果没有喝酒尽兴就各自回去了，就连洞口边的桃花也会笑话他们不够情谊。

【点评】

这两句是劝酒的话，是古代饮酒文化的一种反映。

劝人饮酒是热情好客的表现，以酒助兴是文人雅士的日常状态，如"晚来天欲雪，能饮一杯无"，如"两人对酌山花开，一杯一杯复一杯"，否则，就显得不够情谊，让人笑话。句中不说怕他人笑话，而是说连洞口边的桃花也要笑话了，劝酒方式委婉而真挚，让人不得不接受这份真诚的邀请。

明朝张岱在《快园道古·隐逸部》中记载了"何虞醋交"的故事。虞原璩学问渊博，隐居瑞安，郡守何文渊时时乘小舟前去拜访，二人称为莫逆之交。一天傍晚，二人坐谈良久，不觉夜半，很想喝点酒。村落里无处找酒，何文渊提议："用醋代酒也可以。"虞原璩于是拿出一瓶新醋，一边喝一边谈。时人称两人是"醋交"。"醋交"的故事，说明相逢不饮，实在难过，醋也可代酒助兴。

二五

红粉佳人休便老^①,风流浪子莫教贫^②。

【注释】

①红粉佳人:指年轻美丽的女子。红粉,女子化妆用的胭脂水粉。
　休:不要。

②风流浪子:风流倜傥的人。莫:不要。

【译文】

年轻美丽的女子啊,不要让她老去;风流倜傥的浪子啊,不要教他变得贫穷。

【点评】

这两句表达了对美好事物的珍惜之情。

红粉佳人如果老了就不美了,人生只落得繁华过后的寂寞。所谓美人迟暮、令人惋叹;风流浪子如果变得贫穷了,也就无法意气风发了。这都是人生的悲事。所以,作者期盼红粉佳人永远青春靓丽,风流浪子永远富足潇洒。然而,岁月无情、世事无常,谁也不能保此长久。因此,珍惜青春时光,才能在年老时不后悔,不虚度人生。

张潮在《幽梦影》中说:"若无花月美人,不愿生此世界。""无才子佳人则已,有则必当爱慕怜惜。"表达了对于佳人和美景的无限爱怜。

二六

在家不会迎宾客,出路方知少主人。

【译文】

在家里不会热情地接待宾客,出门在外时才发现没有人招待自己。

【点评】

此则讲待客之道，也是做人之道。

中国是一个礼仪之邦，自古就特别重视待客之道。《礼记·曲礼上》讲到很多待客的礼仪。比如"凡与客人入者，每门让于客。客至于寝门，则主人请入为席，然后出迎客，客固辞，主人肃客而入"，等等。

这一则通过外出做客受到冷遇来劝人学会热情待客，其实是在讲"礼尚往来"的做人之道。"投我以木桃，报之以琼瑶。匪报也，永以为好也"。人们"投桃报李"，最终是为了美好的情谊。

二七

黄金无假，阿魏无真①。

【注释】

①阿魏无真：《本草纲目（金陵本）》第三十四卷木部："谚云：黄芩无假，阿魏无真。以其多伪也。"《本草乘雅半偈》中还给出了验证阿魏真伪的办法："谚云，阿魏无真，言多伪也。雷公验法有三：一以半铢置熟铜器中，经宿着处永如银色；一以一铢入五斗草自然汁内，次早尽作鲜血色；一以一铢致柚子树上，其树立干。"明谢肇淛《五杂俎》对"阿魏无真"作了解释："俗云：'黄金无假，阿魏无真。'阿魏生西域中，一名合昔泥。其树有汁，沾物即化，人多牵羊、豕之类系树下，遥以物撼其树汁，落则羊、豕皆成阿魏矣。树上之汁终不可得，故云无真也。"阿魏，一种药名，多年生草本植物，产于西域，一名合昔泥。相传其味辛平无毒，能除邪解毒，且其气极臭而能止臭。由于极其珍贵、极少真品，所以说"阿魏无真"。

【译文】

黄金是货真价实的东西，而阿魏这种药却没有正宗的真货。

【点评】

这两句可以看出人们的"趋利性"。

"黄金无假"，有的解释为因为黄金流通较广，人们都认识，所以不容易造假。而据《本草纲目》记载，"谚云：黄芩无假，阿魏无真。以其多伪也。"由此可以推断"黄金无假"应为"黄芩无假"之误。黄芩与阿魏都是中药材的名字，在语意上正好相对。黄芩遍地都是，非常普遍，所以没必要拿来造假。而阿魏是一种名贵的中药，由于产于西域，非常稀有，再加上多数人没见过，所以很容易被造假。

黄芩不造假，是因为无利可图；阿魏造假，是因为有利可赚。正如司马迁在《史记·货殖列传》中所言："天下熙熙，皆为利来；天下攘攘，皆为利往。"这种在药材中掺假的行为，对消费者造成了危害，是一种非常不道德的行为，应该受到严厉地谴责和惩罚。

二八

客来主不顾①，应恐是痴人。

【注释】

①顾：照顾，此指招待。

【译文】

客人来了，主人却不招待，这样的人应该是个不聪明的人。

【点评】

本则在讲待客之道。可作两种理解：

一为主人"应恐是痴人"。客人来了，主人应该热情招待，否则就是失礼了。失礼的行为是不通事理的愚蠢人才做的事情，正如前文所说："在家不会迎宾客，出路方知少主人。"所以说这样的主人"应恐是痴人"。

一为客人"应恐是痴人"。常言道：什么人什么待，什么客什么菜。

主人待客,常以客人的身份、地位而决定如何招待、上何种菜。现在客人来了,主人却不招待,所以推测"应恐是痴人"。对痴傻之人,招待得如何,他也不知道;即使他出去乱说,别人也未必相信,所以主人就不招待了。从中也可以看出人情冷暖,人性阴暗。

二九

贫居闹市无人识,富在深山有远亲①。

【注释】

①"贫居闹市无人识"二句:明沈采《千金记》第三出《省女》:"(生)子母相逢慰别情。(小生)一团和气笑欣欣。(旦)贫居闹市无人问。(合)富在深山有远亲。"

【译文】

贫穷了,即使居住于闹市之中,也不会有人结识;富贵了,即便住在深山老林,也会有远房亲戚来拜访。

【点评】

这一则在说人情冷暖,点明世人"嫌贫爱富"的功利之心。

身处闹市"门可罗雀",只是因为贫穷,人们远远躲避;住在深山却"门庭若市",只是因为富贵,人们紧紧跟随。由此可见,人情的冷暖,不在个人的品行,而在其地位的高低、经济的贫富。

这里的"富"也指精神的富足。比如《南史·隐逸传》记载的陶弘景,他是南朝齐梁人,三十多岁时,辞去朝廷食禄,隐居茅山。梁武帝与陶弘景有旧交,即位后多次写信遣使问候陶弘景,招他出来做官,陶弘景坚持不肯出山。但朝廷每有大事,武帝都派人到茅山向他咨询,一月之内常有数次遣使,故时人称之为"山中宰相"。这也算是"富在深山有远亲"的例证吧。

三〇

谁人背后无人说^①,那个人前不说人^②。

【注释】

①谁人:哪一个人。说:议论。

②那:同"哪"。

【译文】

谁的背后没有人在议论他? 哪一个人不在别人面前议论其他人呢?

【点评】

这一则是说每个人都爱议论他人,这几乎是人性的弱点。

每一个人都处在"说别人"与"被人说"的生存境遇中,概不能逃。既然如此,对于不可控的事情,只能学会释然。一方面,"世上本无事,庸人自扰之";另一方面,我们还是应该严于律己,管住自己的嘴,牢记"祸从口出","静坐常思己过,闲谈莫论人非"。

三一

有钱道真语,无钱语不真。不信但看筵中酒^①,杯杯先劝有钱人。

【注释】

①但:只要。筵(yán):古代铺在地上供人坐的垫底的竹席,此处指酒宴。

【译文】

有钱的人说的话都是真理,没钱的人说的话都是假话。如果不信,你就看看筵席上的酒,一杯一杯都是先敬有钱人的。

【点评】

这则揭示了金钱至上的功利观,揭示了金钱与人的话语权之间的关系。

这几句充分反映了金钱在人际交往中所具有的"魔力作用"。这种见钱说话的交往,不是一种真正意义上的人际交往,而是一种利益的交换,不值得提倡。

本则还有一种理解:有钱就可以获得有价值的信息,没钱便得不到别人的真言,别人不会把有价值的信息吐露出来。这就揭示了金钱与信息获取之间的关系。可见,金钱使人不再保守秘密,这大概也是"有钱能使鬼推磨"吧。

三二

闹里有钱①,静处安身。

【注释】

①闹:闹市,人多的地方。

【译文】

在繁华热闹的地方,比较容易赚到钱;在偏僻幽静的地方,比较适宜安定下来生活。

【点评】

这则告诉人们:做不同的事情,要选择不同的地方。

只有选对了地方,才能把想做的事情做好。闹里有钱,是因为人多,需求也多,人们之间的交易就会比较频繁,钱赚起来就比较容易。静处安身,是因为人少,烦扰也少,环境适宜,可以使身心都得到放松。

当然,只要有一颗淡泊宁静的心,无论在哪里都可以安放我们的身心。正如陶渊明在《饮酒》中所言:"结庐在人境,而无车马喧。问君何能尔,心远地自偏。"苏东坡在《定风波·南海归赠王定国侍人寓娘》中也说:"试问岭南应不好。却道,此心安处是吾乡。"

三三

来如风雨,去似微尘^①。

【注释】

①微尘:细微的尘埃。

【译文】

来势像暴风骤雨一般声势浩大,去势就像微小尘埃一样无声无息。

【点评】

这则形容来势和去势的不同。

一种说法认为,人活着的时候,要如疾风暴雨般轰轰烈烈;死去的时候,当如微尘般归于沉寂。这就是"生如夏花之灿烂,死如秋叶之静美"。也如金庸所言:"人生就该大闹一场,悄然离去。""大闹一场"是"来如风雨","悄然离去"是"去似微尘"。这是一种人生追求与人生态度。

还有一种说法认为,人在成名得势时,名噪一时,呼风唤雨;丢名失势时,像微尘一般,一钱不值。这反映出得势与失势的巨大落差。

该句还可类推到其他情境中,如战争中,攻击时如暴风雨般猛烈,撤退时如细小的微尘无声无息。也可从事物发展的角度来理解此句:事物的发展都有一个生、老、病、死的过程。在起始与发展壮大阶段,都是充满了力量,就如暴风骤雨一般。但在经历了青壮、繁华之后,势力就会逐渐消退直至结束,那时的力量就微乎其微了。既然事物发展的规律如此,那么在开始阶段,就要顺势而为,奋发向上;在收尾阶段,则及时退出,默然走开。

不论哪种情境,这句话都表明了前后的两种状态:开始时,雷霆万钩;结束时,归于沉寂。历史上有很多功成身退的人物,如张良、范蠡等人,都是做一番轰轰烈烈的事业,功成之后,隐迹江湖。这也是"来如风雨,去似微尘"的表现。

三四

长江后浪催前浪,世上新人趱旧人^①。

【注释】

①"长江后浪催前浪"二句:宋丘濬《孙氏记》:"默不久赴官,意尤未已,乃为柬别孙曰:'我闻古人之诗曰:"长江后浪催前浪,浮世新人换旧人。"是老当先寝也,我愿终身不娶,以待之耳。'孙得柬,感默之意,为缄谢绝曰:'愧感深诚,早晚疾听。君子启行,无缘叙别。破囊久空,不能为赆,空自悚愧。承谕雅意,安可预道?无妄之言,未敢奉许。'"趱(zǎn),赶超。

【译文】

长江后面的浪流催滚着前面的浪流,世界上的年轻人赶超着年长的人。

【点评】

本则说"更替",常用来比喻更有能力的新人胜过旧人,或更有生命力的新生事物胜过旧事物。

清代赵翼的"江山代有才人出,各领风骚数百年",与此句意相近。生生不息,新老更替,是自然界的规律。"一代新人换旧人""一代更比一代强"是社会发展的规律,是后浪就要乘风破浪,勇往直前,这样社会才能进步;是前浪就要顺势而为,平稳过渡,这样社会才能和谐。

三五

近水楼台先得月,向阳花木早逢春^①。

(近水楼台先得月,向阳花木早逢春①。)

【注释】

①"近水楼台先得月"二句:宋俞文豹《清夜录》:"范文正公镇钱
　　塘,兵官皆被荐,独巡检苏麟不见录。乃献诗云:'近水楼台先得
　　月,向阳花木易为春。'公即荐之。"逢,迎接。

【译文】

靠近水边的楼台,因为没有树木的遮挡,可以最先得到月光的照耀;
迎着阳光的花草树木,光照自然好,发芽就早。

【点评】

此则讲占据有利位置的重要性。

这两句最早见于苏麟的诗句。相传,范仲淹任杭州知府时,城中文
武官员大多得到过他的推荐。唯有苏麟因在外县担任"巡检",没有得
到提拔。苏麟于是以献诗的方式委婉地表达了自己也想被推举的想法。
全诗已失传,只有"近水楼台先得月,向阳花木易为春"流传下来。范仲
淹看后心领神会,便给予了举荐。后来,人们常以"近水楼台先得月"或
"近水楼台"作为因关系亲近而易于获得方便的意思。在流传中,"早逢
春"也常常写作"易为春"。

无论"近水楼台",还是"向阳花木",都以其地利而得先机;不论是
事物的发展还是人的发展,占据有利的位置都是很重要的。

当然,"近水楼台"在后来的发展过程中有了些贬义,往往用来讽刺
那种利用某种方便而获得照顾、率先得利的情况。

三六

古人不见今时月,今月曾经照古人^①。

【注释】

①"古人不见今时月"二句:唐李白《把酒问月》:"今人不见古时月,今月曾经照古人。古人今人若流水,共看明月皆如此。唯愿当歌对酒时,月光长照金樽里。"

【译文】

古代的人们不能见到今天的月亮,而今天的月亮却曾经照亮过古代的人们。

【点评】

本则感慨时光永恒,而人生短暂。

当空皓月照耀着我们,也照亮过古人,而古人早已远去,不禁让人对月感叹:明月长久,而人生短暂。"年年岁岁花相似,岁岁年年人不同。"今天的人,在吟赏月光中,要体悟到生命的可贵,从而把握有限的生命,活出精彩的人生。

三七

先到为君^①,后到为臣^②。

【注释】

①君:君主,古代国家的统治者。

②臣:臣子。也包括普通民众。

【译文】

抢先一步能当君王,后到一步只能称臣。

【点评】

本则讲"先机"。

俗话说：早起的鸟儿有虫吃。不仅自然规律如此，社会规律也是如此。传说，明武宗朱厚照死时没有留下子嗣，为了保证明朝大权不旁落，张太后与内阁首辅杨廷和定下计策，下密诏给三位朱姓王爷，令其返京吊唁，并约定："先到为君，后到为臣。"朱厚熜所在的兴王府离京最远，为了抢得时间，幕僚严嵩献策，朱厚熜假扮钦犯，坐着囚车，日夜兼程赶到了京城。这个计策成功蒙骗了另两个亲王，朱厚熜第一个赶到登基，是为嘉靖皇帝，另两个亲王只能俯首称臣。

事情讲究"先来后到"，谁占得先机，谁就胜券在握。走在对手面前，才能占得先机，最终才能取得胜利。

三八

莫道君行早，更有早行人①。

【注释】

① "莫道君行早"二句：宋释道原《景德传灯录·福州永隆院瀛和尚明慧禅师》："师上堂曰：'谓言侵早起，更有夜行人。似即似，是即不是。珍重！'"

【译文】

别说你出发很早，还有比你更早的人。

【点评】

此则讲做人不可盲目自信，要谦虚谨慎。

很多时候，人会自以为是，认为自己比别人做得更好。其实，山外有山，人外有人。不比较，少说话，快走路，才是正事。

这两句也可以当作激励人奋进之语看。也多指某些事情已被别人抢先下手，抢得先机。俗话说："早起三光，晚起三慌。"一日之计在于晨，早起可以从容做事，不慌不忙。毛泽东《清平乐·会昌》云："东方欲晓，莫道君行早。踏遍青山人未老，风景这边独好。"

三九

莫信直中直^①，须防仁不仁^②。山中有直树，世上无直人。

【注释】

①直中直：吹嘘自己正直的人会真的正直。

②仁不仁：自我标榜仁义的不仁之人。

【译文】

不要相信那些吹嘘自己正直的人会真的正直，更要提防那些自我标榜仁义的人。山中有笔直的树，世上没有真正正直无私的人。

【点评】

本则对人充满了强烈的防御心理。

人性是复杂的。正直的人可能也会做出不正直的事，仁义的人可能也会做出不仁义的事。俗话说："害人之心不可有，防人之心不可无。"因此，不能一味地相信他们因长期正直或仁义所积累下来的信誉。从这个角度讲，提防他人是有道理的。但过度谨慎，疑心太重，则世上无可信赖之人，人生岂不也是一种沉重的负担？

说"世上无直人"也是偏颇的，世上还是有很多正直之士的。据《左传·襄公二十五年》载，春秋时期，齐庄公与右卿崔杼的夫人棠姜私通。崔杼得知后，设计杀死了他。崔杼这样做是犯了弑君之罪，但因庄公有错在先，崔杼又大权在握，人们也奈何不了他。负责"信史"的太史记载道："崔杼弑其君。"崔杼就杀了太史。太史的两个弟弟接着也这样记录，也接连被崔杼杀害。太史的另一个弟弟前仆后继，仍然这样秉笔直书。崔杼无奈,只好放过了他。另一位史官南史氏听闻太史都被杀死了,带着写好同样内容的竹简前去接任。路上听说已经如实记载了,才原路返回。齐国的五位史官都忠于职守,宁死不屈、秉笔直书,真是"世上有直人"啊。

四〇

自恨枝无叶,莫怨太阳偏。

【译文】

应该遗憾自己的枝条上没有长出叶子,而不要埋怨太阳照射得偏斜。

【点评】

本则讲人应有自省精神,不能一味抱怨外物。

有些人常常怨天尤人,从不反思自己的缺点。如"力拔山兮气盖世"的西楚霸王项羽,直到临死,还未找到自己失败的根本原因,只是归咎于"天亡我,非战之罪",自认为无颜见江东父老,感叹"时不利"而羞愤自杀,而没有意识到是自己的刚愎自用和匹夫之勇害了自己。

人要有自省精神,出现问题时,应多从自身找原因、挖根源,少向外面寻理由、找借口。只有解决了自身存在的问题,才能使事情得到根本解决。唐代诗人杜牧在《题乌江亭》中含蓄地批评了项羽的缺点:"胜败兵家事不期,包羞忍耻是男儿。江东子弟多才俊,卷土重来未可知。"内因决定外因,内因不改变,事情仍难办。

四一

大家都是命^①,半点不由人。

【注释】

①命：命运。迷信认为人生来就注定的贫富、寿数等。

【译文】

每个人的一切都是由命来决定的，一星半点也由不得个人掌握。

【点评】

这是古人的"宿命论"，认为人的一切都是先天决定的，人无法改变自己的命运。

这种观点是错误的，它没有揭示命运的真正秘密。人的命运掌握在自己手中，而不是上天赋予的。即使天生有所缺陷、有所限制，人也可以通过后天的努力改变命运。事在人为，我命由我不由天。人生是由自己的努力创造出来的，能够掌握命运的那个人就是你自己。

四二

一年之计在于春①，一日之计在于寅②。一家之计在于和③，一生之计在于勤。

【注释】

①计：打算，计划。

②寅（yín）：古代以十二地支计时，将一天分为子、丑、寅、卯、辰、巳、午、未、申、酉、戌、亥十二个时辰，一个时辰相当于现在的两个小时。寅时相当于现在凌晨3～5点，这里指早晨。

③和：和睦，团结。

【译文】

一年的打算在春天，一天的打算在早晨。一家的打算在于和睦，一生的打算在于勤奋。

【点评】

这几句是说做事要正当其时,早做打算。

大至一年的计划,小至一日的打算,都要安排在恰当的时间里来处理。

"家和万事兴"。家庭和睦,则家运兴隆;家庭不和,则会陷入"父子成仇""夫妻反目"的境地,鸡犬不得安宁。

"勤"是人生之本。被称为"半个圣人"的曾国藩,始终把"勤"作为座右铭:"勤字功夫,第一贵早起,第二贵有恒。"欧阳修在《归田录》中说:"余平生所作文章,多在'三上',乃马上、枕上、厕上也。"只有勤奋,才能源源不断地积累财富,增长才干。"天道酬勤""一勤天下无难事"。

四三

责人之心责己,恕己之心恕人①。

【注释】

①"责人之心责己"二句:《宋史·范仲淹传》:"纯仁性夷易宽简,不以声色加人,谊之所在,则挺然不少屈。自为布衣至宰相,廉俭如一,所得奉赐,皆以广义庄;前后任子恩,多先疏族。没之日,幼子、五孙犹未官。尝曰:'吾平生所学,得之忠恕二字,一生用不尽。以至立朝事君,接待僚友,亲睦宗族,未尝须臾离此也。'每戒子弟曰:'人虽至愚,责人则明;虽有聪明,恕己则昏。苟能以责人之心责己,恕己之心恕人,不患不至圣贤地位也。'"责,责备,要求。恕,宽恕,原谅。

【译文】

用责备别人的心来责备自己,用宽恕自己的心来宽恕他人。

【点评】

这两句话是儒家"恕道"思想的体现,即严于律己,宽以待人。

《训俗遗规》中有一句十分相似的话："待己者,当于无过中求有过;待人者,当于有过中求无过。"

据《后汉书·刘宽传》载,东汉大臣刘宽性情宽厚,平易近人。他的夫人想试试怎样才能让他发怒,于是在他穿好朝服即将上朝时,让一个婢女去送肉羹,故意打翻羹碗,将汤汁洒到刘宽身上,弄脏了朝服。婢女赶紧收拾羹碗,刘宽竟然神色不动丝毫,反而慢慢地问婢女:"羹烫到你的手了吧?"由于他的性情如此温厚,被称为长者。

四四

守口如瓶,防意如城^①。

【注释】

① "守口如瓶"二句:宋晁说之《晁氏客语》:"刘器之云:富郑公年八十,书座屏云:'守口如瓶,防意如城。'"如瓶,好像瓶口加盖。如城,好像守城防敌。

【译文】

严守秘密,要像瓶子加盖一样封得严实;坚定意志,要像守城防敌一样不可懈怠。

【点评】

这一则是谨慎思想的反映,也是修身处世的法则。

为了少惹事端,要严把口风,守口如瓶,以谨防不测。这种谨慎、防患于未然的思想对人的自我保护有积极作用,但也要注意不能过度防范。疑神疑鬼,可能会带来沉重的思想负担,滋生许多无谓的忧虑,人生过得不堪重负。

对于别人的秘密,要做到守口如瓶,不能做搬弄是非的小人,正如本书另一则所言:"来说是非者,便是是非人。"对于自己要做的事,要坚定意志，自我鞭策，保持向上的力量，不轻言放弃。

四五

宁可负我，切莫负人①。

【注释】

①"宁可负我"二句：《晋书·沮渠蒙逊载记》："会伯父罗仇、麴粥从吕光征河南，光前军大败，麴粥言于兄罗仇曰：'主上荒毫骄纵，诸子朋党相倾，谗人侧目。今军败将死，正是智勇见猜之日，可不惧乎！吾兄弟素为所惮，与其经死沟渎，岂若勒众向西平，出茗蘦，奋臂大呼，凉州不足定也。'罗仇曰：'理如汝言，但吾家累世忠孝，为一方所归，宁人负我，无我负人。'俄而皆为光所杀。"负，辜负，对不起。

【译文】

宁可别人辜负了自己，也决不让自己辜负了别人。

【点评】

这两句讲为人处世的美好品行，表现出一种宅心仁厚的高尚情怀。

宁肯自己吃亏，也要对得起别人，如果每个人都有这种"切莫负人"的思想和行为，人与人之间的纠纷会大大减少，很多社会问题也迎刃而解了。

看到此句，便会想到曹操的"宁我负人，毋人负我"。曹操为避董卓追杀之难，绕小道逃归乡里，途中投宿故人吕伯奢家。"太祖闻其食器声，以为图己，遂夜杀之。既而凄怆曰：'宁我负人，毋人负我！'遂行。"曹操的残暴令人咋舌。事后，他明知铸成大错，愧疚难当，也只能以"宁我负人，毋人负我"来自我麻醉。

四六

再三须重事^①,第一莫欺心^②。

【注释】

①再三:反复。重事:慎重对待事情。一作"慎意"。

②欺心:欺骗自己。

【译文】

做事必须要反复考虑,慎重对待,不可掉以轻心,但首要的是不要欺骗自己的良心。

【点评】

这则是说做事最重要的在于问心无愧。

做事情须谨慎,就要思虑再三,而思虑中首要解决的就是"正心"问题,即不要做昧心事,要做能够使自己心安理得的事。正心诚意是儒家所倡导的一种修养境界,是为人处世的根本。《礼记·大学》云:"欲修其身者,先正其心;欲正其心者,先诚其意;欲诚其意者,先致其知;致知在格物。"只有端正心性,心意真诚,才能实现齐家、治国、平天下的道德理想。

四七

虎生犹可近^①,人熟不堪亲^②。

【注释】

①生:生猛。犹:还,尚且。近:靠近,接近。

②堪:能够。亲:亲近。

【译文】

老虎虽然生猛,还可以靠近;人若是熟悉了,却不能够亲近。

【点评】

本则讲人性的阴暗面。

老虎虽然生猛,未必会主动害人;有些人熟悉了,却比老虎更可怕。中国自古是一个熟人社会。有句俗语叫"人熟为宝",大概是人与人之间彼此了解多了,便会产生信任,这也是"熟人好办事"的道理。但与此同时,也有"杀熟"一说,杀熟的危险性更高,隐蔽性更强。当人们利欲熏心时,会处心积虑地从熟人开始算计,甚至为了争夺利益会谋财害命,这些都是可怕的事情,必须要有提防。

四八

来说是非者,便是是非人①。

【注释】

①"来说是非者"二句:《全宋诗》释师观《颂古三十三首》:"来说是非者,便是是非人。诚哉是言也,弄物不知名。"

【译文】

前来议论别人是非的人,他本身就是一个搬弄是非的人。

【点评】

本则旨在告诫人们不可搬弄是非。

是非是个漩涡,掉进去就很难出来,给人生带来很多的消耗。对于是非一定要远远躲避,而且不可挑拨是非,也不能搬弄是非。不信谣不传谣。

四九

远水难救近火①,远亲不如近邻②。

【注释】

①远水难救近火:《韩非子·说林上》:"鲁穆公使众公子或宦于晋,或宦于荆。犁鉏曰:'假人于越而救溺子,越人虽善游,子必不生矣。失火而取水于海,海水虽多,火必不灭矣,远水不救近火也。今晋与荆虽强,而齐近,鲁患其不救乎?'"

②远亲不如近邻:《五灯会元·虎丘元净禅师》:"僧问:'如何是到家一句?'师曰:'坐观成败。'问:'不与万法为侣者是甚么人?'师曰:'远亲不如近邻。'"远亲,指远方的亲戚。

【译文】

远处的水救不了近处的火,关系再好的远方亲戚也不如住在近处的邻居。

【点评】

本则旨在"睦邻",也比喻缓慢的救助不能解决眼前的急难。

邻里关系是一种重要的人际关系。《论语·里仁》说:"德不孤,必有邻。"与远方亲戚的相处是暂时的,与近处邻居的相处是长期的。与近邻友好相处,在日常生活中可以彼此关照,在危急时刻可以互相求助。可以说,邻居对于人生的幸福指数来说是非常重要的。

其实,不仅邻里关系如此,朋友关系、同事关系等生活中的各种关系都当重视,都要妥善处理好,生活才能更美好,更幸福。

五〇

有茶有肉多兄弟,急难何曾见一人①。人情似纸张张薄,世事如棋局局新②。

【注释】

①急难:突发的危难。

②"人情似纸张张薄"二句：宋杨万里《诚斋诗话》："士大夫间有口传一两联可喜，而莫知其所本者。如：'人情似纸番番薄，世事如棋局局新。'又：'饱谙世事慵开眼，会尽人情只点头。'又：'薄有田园归去好，苦无官况莫来休。'"

【译文】

有茶有肉的时候，曾有许多称兄道弟的朋友；遭遇危难的时候，却找不见一个人。人与人之间的情意，就像白纸一样，一张张都是薄的；人世间的事情，就像下棋一样，每一局都在不断翻新。

【点评】

这几句讲"人情冷暖，世态炎凉"。

把有茶有肉与急难求助时人的表现两相对照，就知道世上有许多势利小人。他们是有利而来，无利则去，可以同富贵，而不能共患难。结交这样吃吃喝喝而不能真心相助的朋友，其实是没有益处的。所以，古人强调要谨慎择友而交，《荀子·大略》有言："匹夫不可以不慎取友。友者，所以相有也。……取友善人，不可不慎，是德之基也。"那些可与自己同甘共苦的人才是真朋友。

人情似纸薄，让人感受到世态炎凉；世事如棋局，让人觉察到世事多变。这些都是人类社会发展中存在的客观现象，不以人的意志为转移。既然如此，那么就不必对世态炎凉耿耿于怀，不必对世事多变感到惧怕，坦然面对，无须悲叹。

五一

山中也有千年树①，世上难逢百岁人。

【注释】

①千年树：生长千年的古树。《全唐诗补编》："上有千年树，下有百年人。"据考证，这两句见于唐代长沙铜官窑上的诗文。

【译文】

山中生长有上千年的树木,世间却难以遇到活过一百岁的人。

【点评】

本则感叹人生有限,难过百岁。

"人生七十古来稀。"虽然今天生活条件好了,人的寿命比古代普遍长了,但活过百岁的仍然是少数。"光阴可惜,譬诸流水。"既然人生苦短,如水流逝,就应该珍惜时间,把握当下,而不必"人生不满百,常怀千岁忧"。

五二

力微休负重,言轻莫劝人①。无钱休入众,遭难莫寻亲。

【注释】

①言轻:说话没有分量。《后汉书·孟尝传》:"桓帝时,尚书同郡杨乔上书荐尝曰:'臣前后七表言故合浦太守孟尝,而身轻言微,终不蒙察。区区破心,徒然而已。'"宋苏轼《上执政乞度牒赈济因修廨宇书》:"轼已三奏其事,至今未报。盖人微言轻,理自当尔。"

【译文】

力量弱小就不要去背负沉重的东西,说话没有分量就不要去劝说别人。没有钱就不要到人多的地方去,遭遇急难的事情不要去求助于亲戚。

【点评】

此则言人要有自知之明。

自知之明是为人处世的基础与前提。力弱负重,会伤及自己的身体;言轻劝人,不仅无效,反而会自取其辱。劝说别人,有两个条件:一是说得正确有理,二是有权威。同样一句正确的话,一般人说出来别人不一定相信,但权威人物说,大家就容易相信,就是这个道理。所以,说服力并不仅取决于道理本身,还取决于说话人的权势地位。

无钱入众,往往会导致自身处境的尴尬;遭难寻亲,可能会致使亲戚关系更为僵化。

当然,这几句主要是强调人要准确地认识自己,懂得量力而行,明白"求人不如求己",奋力自救。而在遇到困难时,还是应该及时寻求帮助的。无论是不是亲戚,都要积极求助。

五三

平生莫作皱眉事,世上应无切齿人^①。

【注释】

① "平生莫作皱眉事"二句:宋邵雍《伊川击壤集·诏三下答乡人不起之意》:"生平不作皱眉事,天下应无切齿人。断送落花安用雨,装添旧物岂须春。幸逢尧舜为真主,且放巢由作外臣。六十病夫宜揣分,监司无用苦开陈。"皱眉事,令人不高兴的事。切齿,咬牙切齿。

【译文】

一生不做令人不愉快的事情,世界上就不会有恨你恨得咬牙切齿的人。

【点评】

此则劝人不要做对不起别人的事情,否则会遭到他人的痛恨与陷害。

邵雍,字尧夫,是北宋著名理学家。一生严于律己、品德高尚。据《诗人玉屑》云:"邵尧夫居洛四十年,安贫乐道,自云未尝皱眉,故诗云:'平生不作皱眉事,天下应无切齿人。'所居寝息处为安乐窝,自号安乐先生,其西为瓮牖,读书燕居其下,旦则焚香独坐,晡时饮酒三四瓯,微醺便止,不使至醉也。"《诗人玉屑》还记载,邵雍每次外出,"随意所之,遇主人喜客则留三五宿,又之一家,亦如之,或经月忘返"。虽性情高洁,但待人接物,无论贵贱高下、贤或不贤,"皆欢然相亲"。

五四

士者国之宝,儒为席上珍①。

【注释】

①"士者国之宝"二句:宋汪洙《神童诗》:"学乃身之宝,儒为席上珍;君看为宰相,必用读书人。"士,指德才兼备的人。儒,儒家学者,指读书人。席,筵席。珍,美味的食物。

【译文】

德才兼备的人才是国家的珍宝,读书人如同筵席上的珍馐美味。

【点评】

本则表现出作者对德才兼备的儒士的尊重。

国家的发展离不开有知识有文化、德才兼备的人才。只有尊重知识、尊重人才,国家才能更好地发展。同时,每个人都应该不断读书学习,提高自身修养,努力使自己成为对国家和社会发展有用的栋梁之材。

"儒为席上珍"的说法最早见于《礼记》:有一次,哀公命人设席,孔子陪侍,曰:"儒有席上之珍以待聘,夙夜强学以待问,怀忠信以待举,力行以待取。其自立有如此者。"儒者有如筵席上的珍宝,等待诸侯的聘用;早晚努力学习,等待别人的询问;心怀忠信,等待别人的举荐;身体力行,等待别人的取用。儒者的自立大概如此。

五五

若要断酒法,醒眼看醉人①。

【注释】

①"若要断酒法"二句：胡祖德《沪谚》卷上："谚：'若要断酒法，醒眼看醉人。'断酒，戒断饮酒也。"也作"若要不喝酒，醒眼看醉人"。

【译文】

如果想要找到一种戒酒的方法，只需让他清醒时看看醉酒者的丑态就可以了。

【点评】

本则旨在劝人"戒酒"。

饮酒者要认识到酗酒、醉酒的危害，从而主动抵制饮酒，这是戒酒的根本办法。当他在清醒时，看喝醉酒的人的窘境和丑态，从中反思到自己醉酒时的状态，便会下决心戒酒了。

古人早就认识到过度饮酒的危害，不仅会使个人受害，而且可能会影响到国家的生死存亡。《韩非子·说林上》云："常酒者，天子失天下，匹夫失其身。"《尚书·酒诰》一篇，同样把过度饮酒的危害提升到国家存亡的高度来认识。今天对公职人员也有相关戒酒的禁令，这是十分必要的。

五六

　　求人须求英雄汉①，济人须济急时无②。渴时一滴如甘露，醉后添杯不如无③。

【注释】

①英雄汉：有志气、有节操、有作为的男子。一作"大丈夫"。

②济：帮助。

③醉后添杯不如无：《五灯会元》："俗士问：'如何是佛？'师曰：'着衣吃饭量家道。'曰：'怎么则退身三步，叉手当胸去也。'师曰：'醉后添杯不如无。'"

【译文】

求人帮助时,一定要求真正的男子汉;接济别人时,一定要接济急需帮助的人。干渴的时候,一滴水也像甘露般甜美;喝醉酒之后,再给他添杯还不如不添。

【点评】

本则说求人要找对人,助人要看情况。

求人要看对象。若求小人,容易被他百般刁难,敲诈勒索,未必成事,甚至误事。若求大丈夫,他能仗义办事,慷慨解囊,才可能成事。可见,找对人才能办成事。

助人要看实际情况。俗语云"救急不救贫",当在他人急难时,及时出手相助,解人燃眉之急,那就是雪中送炭。比如人在口渴的时候,得到一滴水,都会感到甘美无比;而醉后再添杯,那是让人醉上加醉,其实是添乱,也是害人。

《史记·魏公子列传》载,战国时期,信陵君魏无忌听说屠户朱亥是个贤者,多次请他相助,朱亥都不为所动。后来,秦军围攻赵国邯郸,赵国向信陵君求救,信陵君求朱亥帮忙,再次去请他。朱亥说:"臣乃市井鼓刀屠者,而公子亲数存之,所以不报谢者,以为小礼无所用。今公子有急,此乃臣效命之秋也。"于是跟随信陵君而去。朱亥对信陵君平时的邀请不表感谢,但在他真正急需时却挺身而出,全力相助,可谓"济人须济急时无"。

五七

久住令人贱^①,贫来亲也疏^②。

【注释】

①贱:被看轻。一作"嫌"。

②贫：一作"频"，频繁。

【译文】

在别人家住久了，就会让人轻视；贫穷的时候，即使很亲近的人也会变得疏远。

【点评】

本则是说人与人之间的交往要把握一定的度，过犹不及。

到亲戚朋友家久住，必然会给主人添加麻烦，增加负担。主人即使嘴上不说，在心里也会讨厌他不懂人情世故。有句俗语叫"客走主人安"，所以，有自知之明的人，小住之后就应该知趣地离开了。

"贫来亲也疏"与"贫居闹市无人问"意思相近，贫穷会使物质条件受到约束，与他人的交往也必然受到限制。所以，贫困之家，一般也门可罗雀。这句话有版本也作"频来亲也疏"，如此似乎与前一句"久住令人贱"在句式和语意上都更为搭配。"频来"与"久住"的道理相通，距离产生美，过于频繁的来往，本来亲密的关系也会疏远了。这都是在讲"度"，在讲"过犹不及"。从大的方面来说，这都是"中庸"之道具体而微的体现。

五八

酒中不语真君子①，财上分明大丈夫。

【注释】

①不语：不胡言乱语，说一些不合宜的话。

【译文】

饮酒时不胡言乱语才是真正的君子，钱财上清清楚楚才是真正的男子汉。

【点评】

本则讲细微之处才能分辨出人真正的品质。

饮酒时不胡言乱语,才不会无意之中说出不恰当的话语或泄露秘密,从而保持君子本色。人与人之间不愉快,很多是因为钱财而起,比如分账不均、赖账等。财上分明,既不占他人便宜也不吃亏,让大家保持一种公平的状态,使大家都没有怨言,从而妥帖地处理好人际关系。否则,就容易出现纠纷。多少人因为账目不清,反目成仇。常言道:"亲兄弟,明算账","账目清,好弟兄"。这些都说明"财上分明"在处理人际关系中的重要性。

总之,能做到"酒中不语"与"财上分明",都可以称得上品德高尚、明白事理的人。

五九

出家如初①,成佛有余②。

【注释】

①出家:佛教指脱离家庭到寺院当僧尼。

②佛:梵语"佛陀"的略称。对佛教创始人释迦牟尼的简称,也是对修行圆满的佛教徒的称呼。

【译文】

如能像刚出家时那样保持虔诚的心,那么成佛就很容易了。

【点评】

本则教人坚守初心。

成佛是出家人追求的最终目标,佛教徒在出家之时都抱有一份虔诚的初心。但从初心到成佛之间有漫长的修行之路要走,这期间充满着各种诱惑和困难障碍。如果不能抵制诱惑,破除障碍,最终是成不了佛的。

只有坚守初心,精进修行,勇往直前,方可成佛。《西游记》中,唐僧西天取经,一路上历经九九八十一难,遭遇了权力、美色、钱财等种种诱惑和生死考验,但他始终坚守西天取经的初心,最终才取得真经,修成正果。

佛家修行如此,普通人做事也需要坚守初心。在确定人生目标后,就要从初心出发,持之以恒地坚定前行。《诗经·大雅·荡》云:"靡不有初,鲜克有终。"意思是说,凡事都有个开始,但很少有人能坚持到底。这种情况是要引以为戒的。

六〇

积金千两,不如明解经书①。

【注释】

①经书:代指儒家经典,包括"四书五经"等。

【译文】

积累千两黄金,不如好好解读经书。

【点评】

此则讲读书比积累财富重要。

在中国古代,读书参加科举考试,才能为官一方,才能出人头地,光宗耀祖。即使经商赚取很多钱,其社会地位也还是比较低。所以,人们还是希望能够通过读书做官来提高整个家庭的社会地位。

孟子云:"尽信书,则不如无书。"读书最重要的是读懂领悟书中内容,只有真正明白理解了,才能学以致用。

在《曾国藩家训》中,对于孩子如何读书,曾国藩有很多规划和方法,最重要的就是要深入理解。比如他告诉孩子读书需要深入涵泳:"汝读'四书'无甚心得,由不能虚心涵泳,切己体察。……善读书者须视书如水,而视此心如花、如稻、如鱼、如濯足,则'涵泳'二字,庶可得之于意言之表。"他告诉孩子不要蛮读蛮记,重在理解。他明白儿子纪泽"记性不好,悟性较佳",告诉他"不必力求背诵","讲解数遍,自然有益"。"将泽儿未读之经,每日点五六百字,教一遍,解一遍,令其读十遍,不必能背诵,不必常温习。待其草草点完之后,将来看经解,亦可求熟"。曾国藩教儿子深入解读经书的方法,令孩子大受裨益。曾纪泽后来学贯中西,工诗善画,成为清末著名外交家。

六一

养子不教如养驴,养女不教如养猪。

【译文】

养了儿女而不好好教育,就像养了驴和猪一样。

【点评】

此则强调家庭教育的重要性。

这两句是"互文"手法。不论是养儿还是育女,都要对他们进行教育。人如果不接受教育就和动物没什么两样。

对子女的教育,要靠良好的家风家训。据《新唐书·房玄龄传》记载,房玄龄治家有法,深怕诸子骄奢,于是搜集古今家诫,写在屏风上,让儿子们认真学习,并说:"按照上面所写的方法尽力去做,就足以保身成名。"其实,房玄龄的父亲就早已树立了家风典范,据《房彦谦传》载,房彦谦为人正直耿介,乐善好施,提倡清白家风。"家有旧业,资产素殷,又前后居官,所得俸禄,皆以周恤亲友,家无余财,车服器用,务存素俭。自少及长,一言一行,未尝涉私,虽致屡空,怡然自得。尝从容独笑,顾谓其子玄龄曰:'人皆因禄富,我独以官贫。所遗子孙,在于清白耳。'"清白的家风就这样传承下来。

历史上有很多有名的家训,如《颜氏家训》《朱子家训》《曾国藩家训》等。这些家训不仅对教育自家子女起到很好的示范作用,也成为中华优秀传统文化的一部分。

六二

有田不耕仓廪虚,有书不读子孙愚①。仓廪虚兮岁月乏②,子孙愚兮礼义疏③。

【注释】

①"有田不耕仓廪(lǐn)虚"二句:明郎瑛《七修类稿》:"予义伻夔求终身事,得二句诗:'有田不耕仓廪虚,有书不读子孙愚。'予谓此贫贱耳。今果然。"仓廪,装粮食的仓库。虚,空。

②乏:匮乏,缺失。

③礼义:礼法道义。

【译文】

有地不耕种,家中的粮仓就会空虚;有书而不读,儿孙就会愚钝。粮仓空虚,日子过得就匮乏紧张;儿孙愚钝,礼法道义就会稀疏。

【点评】

这几句强调了耕种和读书的意义。

这一则揭示了两组关系:一组是田地——耕种——粮食——生活之间的关系,一组是书籍——阅读——子孙素质——礼义之间的关系。耕种解决的是人的物质生活问题,读书解决的是人的精神生活问题。这两者都是人生所必需的,也是相辅相成的,正如《管子·牧民》所言:"仓廪实,则知礼节;衣食足,则知荣辱。"今天,很多人不必耕种土地了,但踏实做好本职工作,赚钱养家仍然是重要的。而读书仍然是提高个人素质的重要途径,需要认真对待,持之以恒地坚持下去。

六三

同君一夜话,胜读十年书①。

【注释】

①"同君一夜话"二句:《朱子语类·训门人五》:"周宰才质甚敏,只有些粗疏,不肯去细密处求,说此便可见。载之简牍,纵说得甚分明,那似当面议论,一言半句,便有通达处? 所谓'共君一夜话,胜读十年书'。若说到透彻处,何止十年之功也!"

【译文】

和您交谈了一晚上,我的收获比读十年书还多。

【点评】

本则旨在讲成长不仅要靠自己读书,更要靠他人的指点。

有时,高明人士的指点可使自己少走很多弯路,迅速通达事理,这就像佛家所说的"当头棒喝"。有言道:读万卷书不如行万里路,行万里路不如阅人无数,阅人无数不如名师指路。即便聪明如孙悟空者,也需要菩提祖师的点拨。因此,在学问上,或日常生活的重要事情上,应该多向高明的人士请教。

六四

人不通古今,马牛如襟裾①。

【注释】

①"人不通古今"二句:《韩愈诗集·符读书城南》:"潢潦无根源,朝满夕已除。人不通古今,马牛而襟裾。行身陷不义,况望多名誉。时秋积雨霁,新凉入郊墟。灯火稍可亲,简编可卷舒。岂不旦夕

念？为尔惜居诸。恩义有相夺，作诗劝踌躇。"襟裾（jīn jū），衣服的前后襟，借指人的衣服。

【译文】

人不能博古通今，就和穿着人衣服的马牛没有什么两样。

【点评】

这一则劝人热爱读书，博闻强记。

人与动物的一个重要区别，在于人能够思考，能够把历史的经验和教训积累下来，为今天和未来的社会服务，而动物却做不到这一点。既然如此，人就应该掌握更多的古今知识，鉴古知今，这样才能更好地实现个人提升，同时推动社会进步。

六五

茫茫四海人无数，那个男儿是丈夫^①！

【注释】

①"茫茫四海人无数"二句：唐吕岩《绝句》："茫茫宇宙人无数，几个男儿是丈夫。"四海，全国各地，也指世界各处。丈夫，男子的通称，这里指有气节有作为的人。

【译文】

天下之大，有无数的人，哪一个称得上是真正的男子汉呢！

【点评】

本则感叹"真正的男子汉"之稀少。

五代时期，花蕊夫人《述国亡诗》云："君王城上竖降旗，妾在深宫那得知。十四万人齐解甲，更无一个是男儿。"本诗斥责了蜀主的无能，嘲笑了文武群臣甘当俘虏的丑态，表达出对男人的极度失望。"茫茫四海人无数，那个男儿是丈夫"与这首诗异曲同工，在感叹大丈夫稀少的同时，也表现出对大丈夫人格的期待。

《呻吟语》中，吕坤写自己看到泰山巍峨挺立，想到男儿八景："泰山乔岳之身，海阔天空之腹，和风甘雨之色，日照月临之目，旋乾转坤之手，盘石砥柱之足，临深履薄之心，玉洁冰清之骨。"如果一个男子能以这八方面要求自己，也就不愧于"大丈夫"了。

六六

美酒酿成筵好客，黄金散尽为收书^①。

【注释】

①"美酒酿成筵（yán）好（hào）客"二句：唐吕岩《题沈东老壁》："西邻已富忧不足，东老虽贫乐有余。白酒酿来缘好客，黄金散尽为收书。"好客，热情招待客人。

【译文】

酿造香甜的美酒是为了热情招待客人，花掉积蓄的全部钱财是为了收藏书籍。

【点评】

本则描述了热情好客的境界，也旨在劝人读书。

前一句充满了豁达洒脱的豪情，后一句旨在劝人读书，与"积金千两，不如明解经书"在思想上是一致的，还是强调书籍的价值要高于黄金，是古人重视读书思想的体现。

《元史·陈祐传》记载，陈祐自小好学，家贫无钱买书。他的母亲曾剪掉头发给他换书读。虽然不是"千金散尽"，但陈母能够做到剪断头发，也表现出对读书的高度重视。

清代散文家张潮在《幽梦影》中说："凡事不宜贪，若买书则不可不贪。"可见也是一个妥妥的"书痴"。

六七

救人一命,胜造七级浮屠①。

【注释】

①七级浮屠:指的是七层佛塔。在佛教中,七层佛塔是最高等级的佛塔。造七级浮屠被视为建功立德的事。浮屠,佛教用语。又称"浮图",佛教建筑形式,最初为供奉佛骨之用,后来也供奉佛像、收藏佛经或保存僧人的遗体。这里指宝塔。

【译文】

救人一条性命,胜过建造七层宝塔的功德。

【点评】

本则旨在赞救人一命是功德无量之事。

建造宝塔是佛教中积善修德的一种方式。然而,救人一命,比建造七级宝塔还要重要,这体现出古人对于人的性命的重视。天大地大,人命最大。

所以,当他人生命遇到危难时,人人都应该伸出援救之手。面对垂危的生命,持有漠视、冷淡的态度,甚至袖手旁观都是有违良知、应该谴责的。

六八

城门失火,殃及池鱼①。

【注释】

①"城门失火"二句:《全北齐文》杜弼《檄梁文》:"但恐楚国亡猿,祸延林木,城门失火,殃及池鱼。横使江淮士子,荆扬人物,死亡矢石之下,夭折露雾之中。"殃,灾祸。池鱼,护城河的鱼。

【译文】

城门失了火,会祸及护城河中的鱼。

【点评】

本则旨在说明事物之间都是有联系的,常用来比喻无辜被连累而遭受灾祸。

城门失火,看起来与鱼没有关系,但因为用水问题,两者之间就产生了密切联系。城门失火,必然要用靠近城门的护城河里的水来救火。护城河中的水没有了,河中的鱼自然也无法存活了。

反映事物之间相关联的名句还有很多,如"唇亡齿寒""皮之不存,毛将焉附",等等。《世说新语·言语》记载,建安十三年(208),孔融因触犯曹操被逮捕,朝廷内外震恐。抓捕孔融的小吏到达孔家时,孔融的两个儿子仍玩着游戏,毫无惶恐之意。孔融对捕吏说:"罪责仅限于一身,我的两个儿子可以保全性命吗?"没想到两个儿子从容说道:"大人岂见覆巢之下,复有完卵乎?"不一会儿,逮捕他们的差役果然也到了。孔融的儿子虽然只有八九岁,却能看清事情之间的紧密联系,可谓聪慧至极。这些都启发我们,要运用联系的思维,对事情全盘考虑。

六九

庭前生瑞草^①,好事不如无^②。

【注释】

①瑞草:古代以为吉祥之草,或称仙草。

②好事不如无:《古尊宿语录》:"上堂云:'乾坤侧,日月星辰一时黑。作么生道?'代云:'好事不如无。'"

【译文】

庭院门前生长出象征吉祥的瑞草,容易招惹麻烦,这样的好事还不如没有更安心。

【点评】

这句话体现了中国古人的祸福观。

古人认为，祸福可以互相转化。正如《老子》第五十八章所言："祸兮，福之所倚；福兮，祸之所伏。"同样，这两句"庭前生瑞草，好事不如无"也蕴含着这种"祸福相依"的思想。门前长出了象征祥瑞的草，表面上看是件好事情，但随之容易招来别人的忌妒或觊觎，其实是招惹麻烦甚至灾难的事情。与其如此，这样的好事还不如没有呢。

这两句通俗的话语里蕴含着中国古人的辩证思维方式与生存智慧。我们都熟悉"塞翁失马"的故事，"塞翁失马，焉知非福？"得失之间，祸福可能随时转换。

七〇

欲求生富贵，须下死功夫①。

【注释】

①"欲求生富贵"二句：《全元散曲·潇湘八景》："闲来思虑，自从那日赋归欤，山河日月几盈虚，风光渐觉催寒暑。欲求生富贵，须下死工夫，且常教两眉舒。"

【译文】

要想获得一生的富贵，必须拼命努力。

【点评】

本则是说有大付出，才有大收获。

对绝大多数人来说，富贵不是天生的，不是轻易可以获得的，而是必须要付出勤劳与智慧，甚至经历大量的磨难与风险。没有人能够随随便便成功，要想获得成功必须付出。

战国时的苏秦，就是"下死功夫"的典型人物。《战国策·秦策》记载，苏秦以连横之策说秦，被秦惠王拒绝，后来又十次上书游说，都不成功。最后资用乏绝，形容枯槁，被迫离开秦国。回家后，被家人嫌弃。他立志发奋读书，读书欲睡时，就拿起锥子刺自己的大腿，血流至脚下。终于学有所成，之后去游说赵王，得到赏识，被封为武安君，拜受相印。以兵车一百辆、锦绣一千匹、白璧一百对、黄金一万镒联合六国，合纵抗秦。苏秦正是下了"锥刺股"的死功夫，才求得了为相的"大富贵"。

七一

百年成之不足，一旦坏之有余^①。

【注释】

①"百年成之不足"二句：宋王应麟《困学纪闻·考史》："李常宁曰：'天下至大，宗社至重，百年成之而不足，一日坏之而有余。'刘行简曰：'天下之治，众君子成之而不足，一小人败之而有余。'皆至论也。"

【译文】

许多年的努力来做一件事未必能够成功，一瞬间不慎毁坏起来却绰绰有余。

【点评】

本则旨在说明"成难败易"。

很多事情不是一朝一夕可以完成的，需要长期不懈的努力，然而期间一旦松懈和疏忽，就可能使所有的努力付之东流。

公元929年，中原农业大丰收。后唐明宗在与冯道闲聊时，认为自己统治有方。冯道见他有些骄傲，就以自己在山路上骑马的经验借机劝谏："臣为河东掌书记时，奉使中山，过井陉之险，惧马蹶失，不敢怠于御蹇,及至平地,谓无足虑,遽跌而伤。凡蹈危者虑深而获全,居安者患生于所忽,此人情之常也。"冯道认为治国和骑马一样,只有时刻小心谨慎,居安思危,才能将国家治理好。明宗听后深表赞同。

欧阳修在《伶官传序》中说:"夫祸患常积于忽微,而智勇多困于所溺,岂独伶人也哉?"祸患常常是由一些细节的失误导致的,而智慧和勇气常常被他们所沉迷的事物困扰。这是一条普遍的道理。

七二

人心似铁,官法如炉^①。

【注释】

① "人心似铁"二句:《全宋诗》释智愚《颂古一百首》:"不落因果,堕在野狐。人心似铁,官法如炉。不昧因果,得脱野狐。"官法,国家的法律。

【译文】

任人心冷酷如铁一般坚硬,也经受不住像熔铁炉一样法律的惩罚。

【点评】

本则旨在说明"法严",劝人敬畏法律,遵纪守法。

人心即使如铁石一般硬,但法律是严厉的,如炉火般无情,绝没有商量的余地,千万别指望触犯了法律还能得到宽恕。"官法如炉"说明了法律的威严性。

此则也见于元代白朴的《裴少俊墙头马上》。此剧讲的是女主人公李千金与尚书之子裴少俊相爱而私自结合,后被裴父发现赶出,而最终团圆的故事。第四折中,裴少俊中了状元欲与李千金复合,李千金执意不肯,便唱道:"你待结绸缪,我怕遭刑狱。我人心似铁,他官法如炉。你娘并无那子母情,你爷怎肯相怜顾?问的个下惠先生无言语。"意思是我的心像铁一样坚硬,无奈官法像熔炉一样将其熔化。

七三

善化不足①,恶化有余。

【注释】

①化:感化,教化。

【译文】

对人向善的教化不足,人向恶的变化就会滋长。

【点评】

本则旨在强调对人加强善的教化,从而防止人的恶行发生。

俗语说:学坏容易学好难。人性是复杂和脆弱的,如果不严格约束自己的行为,就容易误入歧途,甚至走向犯罪。古代有"性善论"与"性恶论"之说。孟子认为人性本善,注重道德修养的自觉性:"人性之善也,犹水之就下也。人无有不善,水无有不下。"并说:"恻隐之心,人皆有之;羞恶之心,人皆有之;恭敬之心,人皆有之;是非之心,人皆有之。"荀子则倡导性恶论,主张人性有恶,否认天赋的道德观念,强调后天环境和道德教育对人的影响和必要性。二者既相互对立又相辅相成,对后世人性学说产生了重大影响。

七四

水至清则无鱼①,人太紧则无智。

【注释】

①水至清则无鱼:《大戴礼记·子张问入官》:"故世举则民亲之,政

均则民无怨。故君子莅民，不临以高，不道以远，不责民之所不能。今临之明王之成功，而民严而不迎也；道以数年之业，则民疾，疾者辟矣。故古者冕而前旒，所以蔽明也；统纩塞耳，所以弇聪也。故水至清则无鱼，人至察则无徒。"

【译文】

水太清澈了，鱼就不能生存下去；人过于紧张了，就不会有太多智慧。

【点评】

本则旨在说凡事有度，不可苛责。

水质清澈，说明环境干净，固然是有利于鱼儿生存。但是鱼儿也是需要吃东西的，如果水过分清澈，没有任何杂质，连水草或藻类生物也没有，那么鱼儿就没有了可吃的东西，最终也会饿死的。这就是"水至清则无鱼"。当然，这也不是教人"浑水养鱼"，如果水太浑也不利于鱼儿的生长，凡事有度才好。

人在过于紧张时，智商就会降低，智慧就会远离，这关系到一个人的心理素质，也说明了"太紧"对智慧的伤害。佛家讲："静能生慧，慧能生智。"《黄帝内经·素问》指出："恬淡虚无，真气从之，精神内守，病安从来？"一般情况下，一个人在心极为安静时，才能生发无限智慧。所谓"淡泊明志，宁静致远"。当然，本书也有另一句"人急计生"，可与此句互相补充，可看作人在相同状况下两种截然不同的反应状态。

"人太紧则无智"有版本也作"人至察则无徒"，人如果太明察就没有朋友，现在常用来表示对人或物不可苛责。如果对他人过于严苛，不允许别人有一点过失，事事计较，别人就害怕了，就不敢与他交往了。

七五

知者减半①，省者全无②。

【注释】

①知：同"智"，智慧，聪明。

②省（xǐng）：清醒，醒悟。有版本作"愚"。

【译文】

世上的智者如果减去一半，那清醒的人就没有了。

【点评】

这两句不易理解，也有多种说法，列举几种供读者参考。

有一种说法认为，"省"通"眚（shěng）"，指过失、灾害。把该则与上则"水至清则无鱼，人太紧则无智"联系起来理解为："聪明的人如果减少一半的明察和急躁，就不会有灾祸。"

还有一种理解为："世上的智者要减去一半，彻悟的人根本没有。"意思是世上的智者并不多，一直清醒的人根本没有。

还有人解释为，聪明的人，办事会话到嘴边留半句；大彻大悟的人，遇事不轻易表态，那就一句话也不说了。也有人解释为，聪明的人，知道也要少说两句，大彻大悟的人什么也不说，这样就不会惹事端。意在告诫人要少说话或不说话，以防言多必失，祸从口出。

也有人把该则与前则"水至清则无鱼，人至察则无徒"（另一种版本）联系起来理解：了解这个道理的人，就会减少一些苛责，知道不能太计较；彻悟这个道理的人，就不再对人苛求了，一切圆润通达。

本则也有版本作"智者减半，愚者全无"，多解释为：世上聪明的人若减少一半，就找不到一个愚蠢的人了。

七六

在家从父，出嫁从夫①。

【注释】

①“在家从父”二句：《礼记·郊特牲》：“妇人，从人者也：幼从父兄，嫁从夫，夫死从子。”在家，指女子未嫁在家时。

【译文】

女子没有出嫁之前，要听从父亲的；出嫁之后，要听从丈夫的。

【点评】

本则言女德，是一种落后的道德观。

在封建社会，女性的社会地位低下，从属于父亲、丈夫和儿子，有“三从四德”的要求。“三从”是指女性未嫁从父，出嫁从夫，夫死从子；“四德”是指妇德、妇言、妇容、妇功。这是典型的男尊女卑的父权思想和夫权思想的体现，是对女性的思想束缚与行为束缚。

这种观念是落后和过时的，今天应当给予摒弃。当今社会，提倡男女平等，“女人能顶半边天”，女性与男性一样独立自主，有权对自己的生活做出自主的选择。

七七

痴人畏妇①，贤女敬夫。

【注释】

①痴人：愚蠢痴呆的人。畏：害怕。

【译文】

愚痴的男子害怕妻子，贤惠的女子尊敬丈夫。

【点评】

这两句讲夫妻之道。

“畏妇”用今天通俗的说法就是“怕老婆”。夫妻双方是平等关系，应相互尊重，互敬互爱。“畏妇”与“畏夫”都不符合夫妻之道。一方畏惧另一方,这样的夫妻关系难以和谐,家庭难以和睦,势必影响个人和家庭的幸福。

《后汉书·梁鸿传》记载了汉时梁鸿与妻子孟光"举案齐眉"的故事。每当丈夫回家时,妻子孟光就托着放有饭菜的盘子,恭恭敬敬地送到丈夫面前。为了表示对丈夫的尊敬,孟光不仰视丈夫的脸,总是把盘子托得跟眉毛齐平,丈夫也总是礼貌地用双手接过盘子。后来,"举案齐眉"就成为赞美夫妻和合、婚姻美满的专用词。

七八

是非终日有,不听自然无①。

【注释】

①"是非终日有"二句:《张协状元》:"(净有介)(外)妈妈,为何恁地发怒?(末)县君每常恁地。(净)孩儿要出路,又是我苦,你道焦躁不焦躁!(末)教我如何?(净)叫与我叫过孩儿来。(末)休,休!是非终日有,不听自然无。(净)不听自然无,家中没闷婆。(末)你也忒吵!"是非,指事情的对与错,泛称口舌的争论,多指不好的事情。《庄子·盗跖》:"摇唇鼓舌,擅生是非。"

【译文】

是是非非的事情每天都有,不去听它自然也不会干扰我们了。

【点评】

本则劝人"远离是非"。

有人群的地方就有是非。有相信"是非"的,就有搬弄是非的。《增广贤文》中还有一句话:"来说是非者,便是是非人。"搬弄是非的人,多是小人。不听是非,也是远小人的方法。要想远离是非,自己首先要做到不搬弄是非,其次要做到不听信是非。

另一方面,自己要洁身自好,遵纪守法。自身站得直、行得正,自然没有是非纠缠。

七九

宁可正而不足,不可邪而有余^①。

【注释】

①"宁可正而不足"二句:《列女传·鲁黔娄妻》:"先生死,曾子与门人往吊之。其妻出户,曾子吊之。上堂,见先生之尸在牖下,枕墼席槁,缊袍不表,覆以布被,首足不尽敛。覆头则足见,覆足则头见。曾子曰:'邪引其被,则敛矣。'妻曰:'邪而有余,不如正而不足也。先生以不邪之故,能至于此。生时不邪,死而邪之,非先生意也。'曾子不能应,遂哭之曰:'嗟乎,先生之终也!何以为谥?'其妻曰:'以康为谥。'"邪,不正当。不足,生活贫困。

【译文】

宁可做正直而贫困的人,也不做品行不正而富有的人。

【点评】

本则旨在劝人"守底线",保持独立人格。

做人要守好道德底线。宁可正直地安贫守拙,也不可靠歪门邪道谋取盈余。在物欲横流的年代,诱惑很多,稍有不坚定,便可能迷失自我,误入歧途。有的人做着无良事,挣着昧心钱,或投机取巧,或坑蒙拐骗,纵然能一时得手,但最终会因此付出惨重的代价。"君子爱财,取之有道。"走正当之道发家致富,才是人生正确的选择。"宁可直中取,不可曲中求"与此则同义。

八○

宁可信其有,不可信其无①。

【注释】

①"宁可信其有"二句:《全元曲·玎玎珰珰盆儿鬼》楔子:"那先生
都叫他做贾半仙,宁可信其有,不可信其无。孩子去意已决,若留
在家,也少不得害出场病来。"

【译文】

有些事情,宁可相信它是存在的,也不要轻易相信它没有。

【点评】

本则示人"谨慎"。

对无法断定的事情,不可武断,应预先防范,以防意外。这是古人生
活经验的总结,蕴含着生存的智慧。

八一

竹篱茅舍风光好①,道院僧堂总不如②。

【注释】

①竹篱茅舍:用竹竿编成的篱笆,用茅草盖成的房屋。

②道院僧堂:一作"道院僧房"。道院,道士住的道观。僧堂,僧人
住的寺院。

【译文】

竹子做的篱笆、茅草做的房屋,风景很美;道士住的道观、僧人住的
寺院总比不上它。

【点评】

本则描述了一种理想的居处。

竹篱茅舍虽然简陋,却有着生活的安逸;僧院道房虽然严整,却充满了出世的孤寂。因此,作者不羡慕僧院道房,而欣赏竹篱茅舍。从某种程度上,这也可以看作一种"入世"的观点,表达了作者对清新自然的乡野生活的向往。

"竹篱茅舍"的意象在诗词里反复出现,如宋辛弃疾《清平乐·村居》:"茅檐低小,溪上青青草。"元白朴《天净沙·冬》:"竹篱茅舍,淡烟衰草孤村。"这些都传递了乡村生活的情景。另一方面,竹篱茅舍也表达了一种淡泊名利、与世无争的志趣。如宋王淇在《梅》中写道:"不受尘埃半点侵,竹篱茅舍自甘心。"

八二

命里有时终须有,命里无时莫强求。

【译文】

命里该有的,最后总能够得到;命里没有的,就不要勉强追求了。

【点评】

这是一种"宿命论",但其中蕴含的顺其自然的思想,还是值得肯定的。

古人有强烈的天命观,比如《周易·系辞》云:"乐天知命,故不忧。"孔子说:"五十而知天命。""尽人事而听天命。"天命观可看作古人的生存哲学,在古代有限的科学知识和环境条件下无可厚非。

人生既要积极进取,又要顺其自然。任何事情,都要量力而为,不可强求,否则可能会给自己和他人带来损害。

八三

道院迎仙客，书堂隐相儒。庭栽栖凤竹，池养化龙鱼①。

【注释】

①"道院迎仙客"四句：唐罗隐《罗昭谏集·过梁震居留题》："道院
　　迎仙客，书堂隐相儒。庭栽栖凤竹，池养化龙鱼。"栖，停留、歇息。

【译文】

道院里迎送的是仙人般的宾客，书斋里隐居的是能够治国理政的
儒者。庭院里种着能够吸引凤凰来栖息的竹子，池塘里养着可以化成
龙的鱼。

【点评】

这两句充满了一种蓄势待发的力量。

"道院迎仙客，书堂隐相儒"与刘禹锡《陋室铭》中"谈笑有鸿儒，往来
无白丁"类似，都是运用"互文"的手法，指交往的都是知识渊博的人。

传说，凤凰不落无宝地，庭院里栽着能够吸引凤凰栖息的竹子，说明
这是有宝之斋地。古代有鲤鱼跳龙门的传说，认为鲤鱼如果能够跳过龙
门，就可以由鱼变成龙。池里养着化龙鱼，是说早晚有一天会出人头地。

"庭栽栖凤竹，池养化龙鱼。"虽然凤未至、龙未成，但既然有这样的
条件，凤至龙成是可能的事情。

八四

结交须胜己①，似我不如无。

【注释】

①结交：与人交往，建立情谊。

【译文】

结交朋友一定要交往比自己强的人,与自己差不多的人不如不交。

【点评】

本则论"交友"问题。

古人十分重视交友,在这方面多有论述。《论语·季氏》云:"子曰:'益者三友,损者三友。友直,友谅,友多闻,益矣。友便辟,友善柔,友便佞,损矣。'"

《论语·学而》中有言:"子曰:'君子不重则不威,学而不固。主忠信。无友不如己者。'"杨伯峻把"无友不如己者"翻译为"不要跟不如自己的人交朋友"。如此则与本则意思一致。其实,如果每个人都按照"结交须胜己,似我不如无"的逻辑来交朋友,那么没有人能够交到朋友。因为如果我结交比我强的人做朋友,站在对方立场上,以同样的标准来看我时,我这个朋友不如他,他也不会和我交往了。这种交友观从逻辑上是说不通的。

南怀瑾在《论语别裁》中说:"那么'无友不如己者',是讲什么?是说不要看不起任何一个人,不要认为任何一个人都不如自己。"每个人都各有短长,要学会相互尊重,取长补短。

八五

但看三五日①,相见不如初。

【注释】

①三五日:指时间短。

【译文】

同朋友仅仅交往了三五天后,见面的感觉就不如初见时那样美好了。

【点评】

本则讲人际交往也有"保鲜期"。

交往伊始，双方由于陌生，都还客客气气，相互尊敬。不久，各自的缺点就慢慢暴露出来了，当初的美好感觉也就渐渐消退了。当然，这只是人际交往的一种情形，也有随着交往时间的渐长，感觉越来越好，情感历久弥新的。人际交往的关键是看交往双方的契合度，与时间没有必然关系。本书中"相逢好似初相识，到老终无怨恨心"与此相似。

八六

人情似水分高下①，世事如云任卷舒②。

【注释】

①人情似水分高下：人的情意像水一样有高下之别。《全宋诗》廖行之《和张王臣登清斯亭韵三首》："一年好景负黄花，洗眼江梅傲岁华。把酒欲从天问月，知时谁解营飞葭。人情似水多泾渭，世味如禅说蜜楂。只可高吟酬节物，莺声早晚又天涯。"

②世事如云任卷舒：世上的事情像云彩一样随时变幻不定。《石仓历代诗选·赠同年林少参缙绅》："世事如云变幻频，一樽谁料此相亲。别来岁月俱成梦，老来心知有几人。"舒，展开，舒展。

【译文】

人的情意像水一样有高下之别；世事像天上的云一样卷起又展开，变化万千。

【点评】

本则以流水自分高下、云彩任意舒卷的自然现象来比喻人情世事的变化无常。

如何面对这变化无常的人情世事呢？明代文学家陈继儒在《小窗幽记》中写道："宠辱不惊，看庭前花开花落；去留无意，望天上云卷云舒。"这是一种闲淡的生活态度，这种超然的心态是中国古代文人士大夫追求的理想人生境界。正如苏轼在《定风波》中所言:"竹杖芒鞋轻胜马,谁怕? 一蓑烟雨任平生。""回首向来萧瑟处,归去,也无风雨也无晴。"

八七

会说说都是,不会说无礼①。

【注释】

①"会说说都是"二句:一作"会说说都市,不会说屋里"。会说话的人讲的都是大城市里的新鲜事情,不会说话的人说的都是房前屋后的琐碎事。

【译文】

能说会道的人说什么都对,不善言谈的人说话往往不懂礼仪。

【点评】

本则讲的是"说话"的艺术。

"会说""不会说"看上去是说话技巧的问题,其实还与说话内容密切相关,而说话内容又与一个人的见识相关联。

会说话是一门学问,一个人要学会说话,就要加强多方面的修养和锻炼,不断提升自己的视野和水平。

八八

磨刀恨不利①,刀利伤人指。求财恨不多,财多害人己②。

【注释】

①恨:遗憾,担心。

②害人己:一作"害自己"。

【译文】

磨刀时，唯恐刀不锋利；当刀锋利时，却容易伤害人的手指。求财时，唯恐钱财不多；当钱财多时，反而会害了自己。

【点评】

本则是说凡事都有两面性，是矛盾统一体。

任何事情都有有利的一面，也有不利的一面。看问题不能只看到它的好处，更要看到它的害处。明代吕坤在《呻吟语》中说："入钉唯恐其不坚，拔钉唯恐其不出。下锁唯恐其不严，开锁唯恐其不易。"世界上的事情都是矛盾的，而人所在立场不同，所处场合不同，看问题的角度也不同。比如入钉和拔钉，下锁与开锁，就是两种完全相反的角度。如果每次都只从对自己有利的角度考虑，就未免太狭隘了。

八九

知足常足，终身不辱。知止常止，终身不耻^①。

【注释】

①"知足常足"四句：《老子》第四十四章："甚爱必大费，多藏必厚亡。知足不辱，知止不殆，可以长久。"辱，污辱，屈辱。

【译文】

懂得满足现状，就会经常感到满足，一生也不会受到屈辱。懂得适可而止，就能经常适可而止，一生也不会遭受耻辱。

【点评】

本则讲人应该懂得知足知止。

知足知止，并不是让人不思进取，而是教人把握合适的度。正如老子所言"甚爱必大费，多藏必厚亡"，过于爱名声就必定付出很大的耗费，过多的藏货必定会招致惨重的损失。

凡事适可而止，知足常乐，是人生的大智慧。本书中的"受恩深处宜先退，得意浓时便可休"也是讲的这个道理，正是"物忌全胜，事忌全美，人忌全盛"。

九〇

有福伤财，无福伤己。

【译文】

遇到不幸时，有福气的人，损失了钱财；没有福气的人，则伤害到自身。

【点评】

本则言危急时刻，保命最重要，钱财如粪土。

人们常说"破财免灾"。免灾之人，当然是有福之人。而没有福气的人，由于太执着钱财等身外之物，所以常会伤及自己的身体，甚至危害生命。曾国藩在家书中曾反复引用其祖父星冈公的话："有福之人善退财。"

《论语·乡党》记载，有一次马厩失火了。孔子退朝后只问了一句："伤人乎？"并没有问马的伤亡情况。当然，马也是条命，属于重大财产。但在人的生命攸关之时，就无暇顾及了。朱熹对此解释说："非不爱马，然恐伤人之意多，故未暇问。盖贵人贱畜，理当如此。"

九一

差之毫厘，失之千里①。

【注释】

① "差之毫厘"二句:《礼记·经解》:"易曰:'君子慎始,差以毫厘,谬以千里。'"毫厘,均是微小的长度单位。《旧唐书·朱泚黄巢秦宗权传》文末也有此二句:"史臣曰:'盖差之毫厘,失之千里,蛇螫不能断腕,蚁穴所以坏堤。后之帝王,足为殷鉴。'"亦作"差之毫厘,谬以千里"等。

【译文】

一毫一厘的差错,都会导致相差千里的结果。

【点评】

本则讲"慎始""慎微"。

事物之始端,往往细微难辨,若不谨慎对待,则可能以毫厘之差而致千里之谬。"差之毫厘"是开始,"谬以千里"是结果。"慎始"才能"善终"。换一个角度来说,做事要讲究精确到位,不能有丝毫的差错,否则会酿成大的灾祸。

有关慎微的思想,《吕氏春秋·察微》云:"故治乱存亡,其始若秋毫。察其秋毫,则大物不过矣。"能够明察秋毫,就不会出现大的过失了。此处,"察其秋毫"即含有慎微之意。《荀子·大略》有言:"尽小者大,慎微者著。"《后汉书·陈忠传》云:"臣闻轻者重之端,小者大之源,故堤溃蚁孔,气泄针芒。是以明者慎微,智者识几。"

显然,古人对于"小"与"大"、"微"与"著"关系的认识,包含着朴素辩证法的因素。它启发人们,做事情时要"慎始""慎微","慎始"防止方向的偏失,"慎微"防止因小失大,如此才能保证成功。

九二

若登高必自卑,若涉远必自迩①。

【注释】

① "若登高必自卑"二句：《礼记·中庸》："君子之道，辟如行远，必自迩；辟如登高，必自卑。"卑，低处。迩（ěr），近处。

【译文】

如果想要登到高处，必须先从低处开始；如果想要走到远方，必须从近处起步。

【点评】

本则讲脚踏实地，从低处累积。

在《礼记·中庸》中，"登高""涉远"的比喻是用来说明君子修行之道的。事物都是一点点做成的，只有从低处做起，从近处出发，才能登到高处，达至远处。

古人充分认识到卑与高、近与远之间的关系，其高远者，皆有卑近累积而成。《荀子·劝学》云："不积跬步，无以至千里；不积小流，无以成江海。"《老子》第六十四章言："合抱之木，生于毫末；九层之台，起于累土；千里之行，始于足下。"

凡事脚踏实地，慢慢积累，终可成就。

九三

三思而行，再思可矣①。

【注释】

① "三思而行"二句：《论语·公冶长》："季文子三思而后行。子闻之，曰：'再，斯可矣。'"三思，古人说"三"的时候，往往不指确数"三"，而是表示次数很多。指考虑周到，然后再去做。再，第二次。

【译文】

遇事要进行多次思考再去做，其实思考两次就可以了。

【点评】

本则旨在既要考虑周全，又要适可而止。

三思而后行，是一种谨慎的做事风格。在特定的环境下，可褒可贬。

季文子是鲁国位高权重的上卿大夫，历仕鲁宣公、鲁成公、鲁襄公几朝。他做事情过分谨小慎微，不论大小事，都要"三思而后行"。孔子认为他做事想太多了，所以说想两次就够了。可见，"三思而后行"在《论语》中出现时是贬义的。清代宦懋庸在《论语稽》中说："文子生平盖祸福利害之计太明，故其美恶两不相掩，皆三思之病也。其思之至三者，特以世故太深，过为谨慎。然其流弊，将至利害徇一己之私矣。"

现在，"三思而行"多指要养成事前多思考的好习惯，多赞颂某人做事成熟谨慎，属于褒义。但要有限度，不可过度思虑，犹豫不决。

九四

使口不如自走①，求人不如求己②。

【注释】

①使口：即动嘴说，这里指支使别人做事情。自走：即自己做。

②求人不如求己：《论语·卫灵公》："君子求诸己，小人求诸人。"

《文子·上德》："怨人不如自怨，勉求诸人，不如求之己。"

【译文】

动嘴费舌指使别人做事不如亲自去做，求别人做事情不如靠自己去努力。

【点评】

本则强调了一种自力更生、凡事求诸己的思想，有积极意义。

"求人不如求己"是一种积极的人生态度，可以充分发挥人的主观能动性。一个人在学习、工作、生活中总会遇到各种问题，学会独立解决问题才能快速成长。常言道："上山擒虎易，开口求人难。"开口求人，就会受制于人，即使不受制于人，也要时常想着回报人情。当然，"万事不求人"也是不现实的，人是社会关系中的人，遇到困难时进行求助也是很正常的。

宋代张端义在《贵耳集》中记载了"孝宗问禅"的故事："（宋）孝宗幸天竺，及灵隐，有辉僧相随。见飞来峰，问辉曰：'既是飞来如何不飞去？'对曰：'一动不如一静。'又有观音像手持数珠。问曰：'何用？'曰：'要念观音菩萨。'问：'自念则甚？'曰：'求人不如求己。'"

九五

小时是兄弟，长大各乡里①。

【注释】

①各乡里：可作两种解释，一为各忙于乡里，一为各奔他乡。

【译文】

小时候是亲密的兄弟，长大后各自忙于乡里，较少往来。

【点评】

这则讲时间变迁给亲密的人带来的巨大变化。

虽然小时候亲如兄弟，长大后或各自成家，或奔走他乡，聚少离多，疏于联络，感情自然淡了。又或者常常会因为地位、职业、贫富、区域等的差异而变得生分疏离了。鲁迅的小说《故乡》里，少年闰土与"我"像兄弟一样亲密无间，但中年闰土却因身份不同和"我"疏远了。这个故事就是对"小时是兄弟，长大各乡里"的一个很好的注脚。更有甚者，为了争夺父母财产，兄弟反目、姊妹成仇的事情时有发生，如此则连乡亲也不如了。

九六

妒财莫妒食①，怨生莫怨死②。

【注释】

①妒（dù）：妒恨，因别人比自己强而忌恨。

②怨：抱怨、埋怨。

【译文】

可以嫉妒他人的钱财，但不能嫉妒别人的食物；人活着的时候可以埋怨他，人死了就不要再埋怨了。

【点评】

这则强调做人不要太过狭隘，要有宽恕之心。

在这则民谚看来，嫉妒别人发财有钱，还可以接受，但嫉妒别人的食物丰富就没必要了。学会以欢喜的心面对生活，放下一切憎恨与抱怨，是人生的一种修为。

《史记·伍子胥列传》记载了"伍子胥复仇"的故事。春秋时，楚平王听信谗言，将大夫伍奢全家杀害。伍奢次子伍子胥（伍员，又称"申胥"）历尽艰难逃到吴国，成为吴国重臣。后来，伍子胥率领军队攻破楚国都城郢。伍子胥为父兄报仇雪恨，曾挖开楚平王的坟墓，怒鞭平王尸体三百下才罢休。这种疯狂的复仇火焰，令人惧怕，也引发后人的争议。正如司马迁说："怨毒之于人甚矣哉。"

九七

人见白头嗔①，我见白头喜。多少少年亡，不到白头死。

【注释】

①嗔（chēn）：生气，发怒。

【译文】

别人看到头上长了白发就生气，我看见长了白发却很高兴。因为世上有很多年轻人没有等到长白头发，就不幸早早离开了人世。

【点评】

此则言见到白发的欣慰，因为这是长寿的象征。

世上很多事情，该喜还是该忧，取决于人怎样看待它。任何事情都有两面性：遇到事情就往有利的一面想，这叫"利导思维"；遇到事情就往不利的一面想，这叫"弊导思维"。弊导思维容易使人悲观、消极，利导思维则容易使人乐观、积极。对待头上白发也是如此，有人欢喜有人忧。"见白头喜"就是一种乐观的人生态度。人都有生老病死，头发由黑变白，都是自然规律。想想自己竟然已经活到满头白发，已是生命的赢家。另一方面，"莫道桑榆晚，为霞尚满天。"老年也是人生的自然阶段，以积极、豁达的态度迎接余生，银发人生亦精彩。

九八

墙有缝，壁有耳①。

【注释】

①"墙有缝"二句：《五灯会元·显明善孜禅师》："临安府北山显明善孜禅师，僧问：'如何是祖师西来意？'师曰：'九年空面壁，懡㦬又西归。'曰：'为甚么如此？'师曰：'美食不中饱人餐。'问：'如何是无情说法？'师曰：'灯笼挂露柱。'曰：'甚么人得闻？'师曰：'墙壁有耳。'"

【译文】

墙壁都有缝隙，隔壁可能会有耳朵偷听呢。

【点评】

此则仍然是一种谨言慎行思想的体现。

　　常言道："隔墙有耳""没有不透风的墙"。这是一种形象的说法，指做人做事要光明磊落。东汉名士杨震到东莱上任，路过昌邑。昌邑县令王密曾由杨震推荐为茂才，于深夜携带十斤黄金特来拜见杨震。王密赠送如此重礼，一则对杨震过去的荐举表示感谢，二则想通过贿赂请杨震以后再多加关照。杨震说："故人知君，君不知故人，何也？"王密以为杨震假装客气，便说："暮夜无知者。"杨震立即生气了，说："天知、地知、你知、我知，怎说无知？"王密十分羞愧，只得带着黄金狼狈而回。这则故事中不难看出杨震的慎独。

九九

好事不出门，恶事传千里①。

【注释】

①"好事不出门"二句：五代孙光宪《北梦琐言》卷六："契丹入夷门，号为'曲子相公'，所谓好事不出门，恶事行千里，士君子得不戒之乎？"

【译文】

好的事情不容易传扬出家门，坏的事情却很容易传播到千里之外。

【点评】

　　本则一方面说明了一种不好的世风，另一方面告诫人们莫做坏事。

　　这两句揭露了人性的缺点：人们专喜传恶，不愿扬善。宋代释道原《景德传灯录·寿州绍宗禅师》云："'如何是西来意？'师曰：'好事不出门，恶事传千里。'"每个人应加强修养，积累口德，不随意传播别人的"恶事"。

　　一个人应该像鸟儿爱惜羽毛一样，珍惜自己的声誉，众善奉行，诸恶莫作。不要因为做坏事而使自己名誉扫地。

一〇〇

贼是小人,智过君子①。

【注释】

① "贼是小人"二句:《五灯会元·子陵自瑜禅师》:"郢州子陵山自瑜禅师,僧问:'如何是古佛心?'师曰:'赤脚跋泥冷似冰。'曰:'未审意旨如何?'师曰:'休要拖泥带水。'问:'泗洲大圣为甚么杨州出现?'师曰:'业在其中。'曰:'意旨如何?'师曰:'降尊就卑。'曰:'谢和尚答话。'师曰:'贼是小人,智过君子。'"

【译文】

窃贼是卑鄙小人,但他们的一些心机却胜过正人君子。

【点评】

此则讲小人的心机。

窃贼不仅靠胆量,也靠头脑,有时他们的心机胜过很多正常人。明代《雪涛谐史》有两则窃贼的故事:"一贼,白昼入人家,盗磬一口,持出门,主人偶自外归,贼问主人曰:'老爹,买磬否?'主人答曰:'我家有磬,不买。'贼径持去。至晚觅磬,乃知卖磬者即偷磬者也。又闻一人负釜而行,置地上,立而溺。适贼过其旁,乃取所置釜顶于头上,亦立而溺。负釜者溺毕,觅釜不得。贼乃斥其人:'尔自不小心,譬如我顶釜在头上,正防窃者;尔置釜地上,欲不为人窃者,得乎?'"在这两则故事里,两个窃贼可谓机智过人,但因其行窃的行径,终究是卑鄙的小人。

一〇一

君子固穷,小人穷斯滥矣①。

【注释】

①"君子固穷"二句:《论语·卫灵公》:"在陈绝粮,从者病,莫能兴。子路愠见曰:'君子亦穷乎?'子曰:'君子固穷,小人穷斯滥矣。'"固,安于,坚守。斯,那么。滥(làn),过度,无节制。

【译文】

君子穷困时能固守自己的节操,小人在穷困时就会肆意妄为。

【点评】

此则讲君子与小人的区别。

君子与小人都可能穷困,但君子能够固守节操,小人既无准则也不懂得节制。如果在逆境中也不放弃对正道的坚守,就可以算是君子了。

明代吕坤《呻吟语》中有一段话,可看作对"君子固穷"的详细阐释:"善者不必福,恶者不必祸,君子稔知之也,宁祸而不肯为恶。忠直者穷,谀佞者通,君子稔知之也,宁穷而不肯为佞。非但知理有当然,亦其心有所不容已耳。"做善事的人不一定能得福,做恶事的人不一定能得祸,这个道理君子是熟知的,但君子宁肯受祸也不肯做恶事。忠厚正直的人穷困,阿谀奉承的人通达,这个现象也是君子熟知的,但君子宁肯穷困也不肯做阿谀奉承之人。这样做不只是理所当然,而是自己的内心容不得做不符合内心意愿的事。

一〇二

贫穷自在,富贵多忧①。

【注释】

①富贵多忧:《全宋词》张纲《感皇恩·休官》:"苦贪富贵,多忧多虑。百岁光阴能几许。醉乡日月,莫问人间寒暑。兴来随短棹,过南浦。"

【译文】

贫穷的人自由自在，富贵的人却有很多的忧愁。

【点评】

此则旨在说明贫穷富贵与自在忧愁的关系。

其实，自在不自在，忧愁不忧愁，与贫穷富贵没有必然关系。世间固然有"一箪食，一瓢饮，在陋巷，回也不改其乐"的颜回，但贫穷未必真自在。贫穷使得条件有限，从而制约了人的行动范围与能力，比如现在有一句流行语"贫穷限制了我的想象力"。"穷自在"有时是一种对现实无奈的自我解嘲。"贫贱夫妻百事哀""人穷志短"都说明了贫贱给人带来的困境。前文"马行无力皆因瘦，人不风流只为贫"也是这个意义。

富贵也未必多忧愁。富贵就是资源，资源丰富了也会获得更大的活动空间和更大的自由。"多财善贾"，若财富不多，何以经营生意。"有钱能使鬼推磨"，何况用金钱支使人呢？

所以，"不汲汲于富贵，不戚戚于贫贱"，不忧虑伤感贫贱的生活，不急于追求荣华富贵，活在当下，才是最踏实的。

一〇三

不以我为德，反以我为仇①。

【注释】

①"不以我为德"二句：《诗经·邶风·谷风》："不我能慉（好），反以我为仇。既阻我德，贾用不售。"

【译文】

不把我当作恩人，反而把我视为仇人。

【点评】

此则谴责忘恩负义之人。

人与人相处，应该以德报德，知恩图报，所谓"滴水之恩，当以涌泉报之";不要以怨报怨,更不能以怨报德。以怨报怨,则怨怨相报,无穷烦恼。以怨报德,则亏损德行。

明代马中锡《东田文集·中山狼传》载,晋国大夫赵简子在中山狩猎时,射中一只狼。狼在逃跑的路上,遇到去中山谋职的东郭先生。狼哀求东郭先生把它藏在口袋里,并说以后会报答他。东郭先生动了恻隐之心,救了它。危险过去后,狼反而想吃掉东郭先生。这中山狼就是"不以我为德,反以我为仇"的典型。后来把忘恩负义的人叫做"中山狼"。比如《红楼梦》中贾迎春的判词:"子系中山狼,得志便猖狂。金闺花柳质,一载赴黄粱。"这里的中山狼是指迎春的丈夫孙绍祖。他本受惠于贾家,反而恩将仇报,把迎春虐待致死。

一○四

宁向直中取^①,不可曲中求^②。

【注释】

①直:正直,合理,指正当的手段、方式。

②曲:弯曲,歪曲,指歪门邪道。

【译文】

宁可用正当的方式去争取,也不能用歪门邪道去谋求。

【点评】

此则教人要走正道,做正事,不可走邪路,做坏事。

用走正当的途径去获取,会很慢,甚至获取得很少,但这样获得的东西合理合法,用起来心安理得。用不当方式获取的东西,会很快,也可能很多,但不合理不合法,会受到惩罚,甚至丢掉性命。本书另外一则"宁可正而不足,不可邪而有余"与此则意思一致。

在《封神演义》第二十三回,周文王见姜子牙在渭水河边直钩钓鱼,有些不解，问他为何这样做。姜子牙回答："吾在此不过守青云而得路，拨阴翳而腾霄，岂可曲中而取鱼乎！非丈夫之所为也。吾宁在直中取，不向曲中求，不为锦鳞设，只钓王与侯。"姜子牙以"宁在直中取，不向曲中求"表明了自己的品格与志向，赢得了周文王的青睐。

一〇五

人无远虑，必有近忧①。

【注释】

①"人无远虑"二句：《论语·卫灵公》："子曰：'人无远虑，必有近忧。'"远虑，长远的打算。

【译文】

人没有长远的打算，一定有眼前的忧患。

【点评】

此句揭示"远虑"与"近忧"之间的关系。

长远的打算可为当下的行动指明方向，当下的行动可为未来的目标打下基础。个人和家庭要有"远虑"即长远规划，这样才能抵御人生风险。国家要有"远虑"即战略规划，才能保证国家的长治久安。如果只顾眼前利益，不计长远得失，则很快会陷入困境，万事万物都是如此。

元末明初文学家陶宗仪在《南村辍耕录》中讲过"寒号鸟"的故事："五台山有鸟，名寒号虫，四足，有肉翅，不能飞。其粪即五灵脂。当盛暑时，文采绚烂，乃自鸣曰：'凤凰不如我。'比至深冬严寒之际，毛羽脱落，索然如彀雏，遂自鸣曰：'得过且过。'"寒号鸟只顾眼前，不虑长远，得过且过，结果到了深冬落得"毛羽脱落，索然如彀雏"的下场。这就是"无远虑"所导致的后果。

一〇六

知我者谓我心忧,不知我者谓我何求^①?

【注释】

①"知我者谓我心忧"二句:《诗经·王风·黍离》:"知我者谓我心忧,不知我者谓我何求。悠悠苍天,此何人哉!"知我者,理解我的人。忧,忧愤、烦闷。求,企求。

【译文】

理解我的人,说我的心中充满忧愁;不理解我的人,还以为我有什么企求。

【点评】

这则感叹知音难求,表达不被理解的痛苦。

《诗经·王风·黍离》是一首感叹家国兴亡的诗。

　　彼黍离离,彼稷之苗。行迈靡靡,中心摇摇。知我者谓我心忧,不知我者谓我何求。悠悠苍天,此何人哉!

　　彼黍离离,彼稷之穗。行迈靡靡,中心如醉。知我者谓我心忧,不知我者谓我何求。悠悠苍天,此何人哉!

　　彼黍离离,彼稷之实。行迈靡靡,中心如噎。知我者谓我心忧,不知我者谓我何求。悠悠苍天,此何人哉!

作者应为朝廷大臣,他行到此地,看到故室宗庙颓毁,长满禾黍,悲怆不已,彷徨不忍离去。可能他曾对朝政发表过意见,但不被理解,所以感叹道:"知我者谓我心忧,不知我者谓我何求。"这两句反复出现三次,可见诗人内心渴望被理解的强烈心情。虽然前一句有"知我者谓我心忧",但表达重心却落在后一句"不知我者谓我何求"。因此,后来人们常用此句来表达不被人理解的痛苦。

一〇七

晴干不肯去，直待雨淋头①。

【注释】

①"晴干不肯去"二句：《五灯会元·洞山守初禅师》："僧问：'迢迢一路时如何？'师曰：'天晴不肯去，直待雨淋头。'"干，天晴干燥。

【译文】

晴天干燥的时候不肯去做事情，一直等到大雨淋头了才去做。

【点评】

此则教人做事把握时机，未雨绸缪。

做任何事都应把握时机，宜早不宜晚。错过了好时机，只能"亡羊补牢"。正如欧阳修在《上书谏猎》中所言："盖明者远见于未萌，而知者避危于无形，祸固多藏于隐微，而发于人之所忽者也。故鄙谚曰：'家累千金，坐不垂堂。'此言虽小，可以喻大。"聪明之人在事端尚未萌芽时就能预见，智慧的人在危险还未露头时就能早早避开。

一〇八

成事莫说①，覆水难收②。

【注释】

①成事莫说：已定成局的事不要再议论。《论语·八佾》："子闻之曰：'成事不说，遂事不谏，既往不咎。'"

②覆水难收：倾倒的水不可收回。《鹖冠子》："太公既封齐侯，道遇前妻，再拜求合。公取盆水覆地，令收之，惟得少泥。公曰：'谁言

离更合,覆水定难收。'"说的是姜太公封为齐侯后,声名贵显,路遇之前不安于贫贱而离去的妻子马氏。马氏要求复婚,太公取水泼地,令她收取,暗示覆水不可全收,二人不可复合。后来常以此比喻夫妻离而难合,又引申指事情既成而无可挽回。覆水,倾倒的水。

【译文】

已成定局的事情,就不要再评论了;泼出去的水,是难以收回来的。

【点评】

此则告诫人们,对无可挽回之事,要学会接受。

对于无法改变或已成定局的事情,学会接纳认同。在《论语·八佾》中,哀公向宰我询问有关立社之事,宰我回答:"夏朝用松树立社,商朝用柏树,周朝用栗树,以使百姓感到恐惧。"宰我之说实属穿凿附会,然而孔子没有立即责备弟子如此荒谬的错误,只是循循善诱地进行了引导:话已说出口,不可变更,只能随他去了。

一〇九

是非只因多开口,烦恼皆因强出头①。

【注释】

①"是非只因多开口"二句:《张协状元》:"(生)一剑教伊死了休,黄泉路上必知羞。是非只为多开口,烦恼皆因强出头。"强,逞强。

【译文】

是非只因为多讲话惹来的,烦恼都因为逞强、爱出风头导致的。

【点评】

此则劝人少说话,莫逞强。

"病从口入,祸从口出。"说话不谨慎的确容易惹祸,在特定的场合,沉默是金，最好做一个冷静的倾听者，如"观棋不语真君子，落子无悔大丈夫"。

但遇事也不能不说话。尤其在大是大非面前，该说话时必说话。说话才能辨清是非，在说话中成就自己。《旧唐书·柳浑传》记载，张延赏与柳浑同在内阁，张延赏妒忌柳浑的正直，就让亲信对柳浑说："以相公过去的功劳，只要在朝廷少说话，就可永保高官。"柳浑回答说："柳浑的头可以断，而口不可禁。"可见，柳浑是个敢说敢为的人，这也成就了其正直的人格。

遇事不是不出头，而是不要"强出头"，要量力而行，在自己的能力范围内做事，这样才能不自寻烦恼。正像前文所言："力微休负重，言轻莫劝人。"

一一〇

忍得一时之气，免得百日之忧。

【译文】

忍下一时的怒气，可以免除一百天的忧愁。

【点评】

此则劝人遇事忍耐。

遇事能忍，是人生的一种修养。对于小事上的忍耐，可以免除由于冲动带来的更大的麻烦；对于大事上的忍耐，则有助于成就大事业。"小不忍则乱大谋"，为了成就大事，有时必须要学会忍辱负重。

据《旧唐书·孝友传》记载，郓州寿张人张公艺九代同居。唐高宗封禅泰山时，路过郓州，亲自到他家中，问他是怎么做到让宗族和睦的。张公艺让人拿来纸笔，在纸上写了一百多个"忍"字。唐高宗对他的做法大为赞赏。

大家族能够九世同堂，靠的是上下和睦，彼此忍让。当然，这与家族中有德行的长者的教诲是分不开的。家族一旦形成良好的家风，家族成员之间就会互相影响，进而努力维护良好的传统，从而保持家族的和睦。

一一一

近来学得乌龟法，得缩头时且缩头①。

【注释】

①得缩头时且缩头：能缩头时暂且把头缩回去。《五灯会元·大同旺禅师》："僧问：'如何是祖师西来意？'师曰：'入市乌龟。'曰：'意旨如何？'师曰：'得缩头时且缩头。'"

【译文】

最近学到乌龟的做法，当需要缩头时暂且把头缩回去。

【点评】

此则旨在教人学会变通，能屈能伸。

据《世说新语·雅量》记载，裴遐去周馥家做客。周馥做东设宴，周馥的司马负责行酒，裴遐正和人下棋，没有按时喝酒，司马发怒，把裴遐拖在地上。裴遐起来坐好，举止如常，神色不改，继续下棋。王衍后来问裴遐："当时为什么面不改色？"裴遐答道："只是默默忍了而已。"裴遐如此忍耐，可真是当了一回"缩头乌龟"。

当然，做人不能一直委曲求全，缩手缩脚。必要的时候，应该挺身而出。

一一二

惧法朝朝乐，欺公日日忧①。

【注释】

①"惧法朝朝（zhāo）乐"二句：宋陈录《善诱文·赵清献公座右铭》："依本分，莫妄想。待则甚，怎奈何。知足胜持斋，无求胜布施。惧法朝朝乐，欺公日日惊。"惧，害怕，敬畏。

【译文】

对法律保持敬畏，天天都会安心快乐；冒犯公法，时时都会有忧患。

【点评】

此则劝人遵纪守法。

明代大臣万钢曾说："畏法度者最快活。""畏法度者"行得正、坐得端、挺得直，不怕"夜半鬼敲门"，不会"惶惶不可终日"。自觉遵纪守法，心地坦然，自然会生活得轻松快乐。如果无法无天，知法犯法，那么必然会受到法律的制裁。

德国哲学家、思想家康德说过："有两种东西，越是经常而持久地对它们进行反复思索，它们就越是使心灵充满常新而日益增长的赞叹和敬畏：我头上的星空和我心中的道德法律。"康德把道德法律摆到信仰的高度，充分表达了他对道德法律的虔诚态度。

孔子说："必也临事而惧。"（《论语·述而》）敬畏是一种理性的人生态度，是对生命和事物的极大尊重。凡事有所敬畏，才能有所为有所不为。

一一三

人生一世，草木一春①。

【注释】

①"人生一世"二句：《全唐诗补编》："人生一世，草生一时。"

【译文】

人只能活一世，就像草木只能繁荣一个春天。

【点评】

此则表明生命唯一且短暂。

人生苦短,而且不可逆转。古人对于人生有很多形象的比喻,曹操说:"对酒当歌,人生几何? 譬如朝露,去日苦多。"苏轼说:"哀吾生之须臾,羡长江之无穷。"《古诗十九首·今日良宴会》中言:"人生寄一世,奄忽若飙尘。"因此,人应该珍惜生命,活出人生的精彩。让生命之花,如草木逢春一般灿烂绽放。

一一四

白发不随老人去,看来又是白头翁。

【译文】

白头发不会随着老人的逝去而消失,黑头发的人转眼间又变成了白发老人。

【点评】

本则言人生易老,时不我待。

本书中"记得少年骑竹马,看看又是白头翁"与这两句意思一致。既然时光易逝,就应该珍惜时间,有所作为。

古人有很多关于勤学和惜时的告诫:"少壮不努力,老大徒伤悲。""及时当勉励,岁月不待人。""莫等闲,白了少年头,空悲切。"年少时时间充足,精力充沛,宜勤学苦读,不要等中年无成、老年无功时,再徒增后悔。

一一五

月过十五光明少,人到中年万事休①。

【注释】

①"月过十五光明少"二句：元关汉卿《包待制三勘蝴蝶梦》第一折："（孛老同旦引三末上）月过十五光明少，人到中年万事休。"休，停止，此处指不成功。

【译文】

月亮过了十五这天光明就逐渐地减少了，人到了中年以后也就不会有大的作为了。

【点评】

本则慨叹中年之后无所作为。

这两句用了传统文学中的比兴手法，前半句"月过十五光明少"是一种自然现象，为后半句"人到中年万事休"作了铺垫。所谓"日中则昃，月盈则亏"，"三五明月满，四五蟾兔缺"。这是一种自然规律，由此可启发人们接受不圆满的现实，"人有悲欢离合，月有阴晴圆缺，此事古难全。"

但"人到中年万事休"的思想过于消极。中年人身强力壮、精力充沛，各方面都比较成熟，应该是大有作为的好时光。其实，人生的每个阶段，都需要对世界保持一颗好奇的心，保持学习的热情。世间有少年成才者，有大器晚成者，找到自己的节奏就好。

一一六

儿孙自有儿孙福，莫为儿孙作马牛①。

【注释】

①"儿孙自有儿孙福"二句：《宋诗纪事》载嘉祐时天台道士徐守信诗："儿孙自有儿孙计，莫与儿孙作马牛。"马牛，指甘被当作牛马驱使，听从别人使唤。这里比喻供人使唤的人。

【译文】

儿孙自有他们自己的幸福,做长辈的不要为儿孙的事情操心费力,当牛做马。

【点评】

此则旨在教父母长辈对儿孙要学会放手。

养育下一代是做家长的义务和责任,但不是事无巨细、大包大揽,更不是当牛做马、累死累活。培养孩子自强自尊的品质、独立自主的学习习惯,才是对他们的真爱。

《红楼梦》第一回《好了歌》里唱道:"世人都晓神仙好,只有儿孙忘不了! 痴心父母古来多,孝顺儿孙谁见了?"也是在劝人放下对儿孙的痴心和执念。对今天的父母,这两句话仍有警示劝诫作用。

一一七

人生不满百,常怀千岁忧①。

【注释】

① "人生不满百"二句:汉乐府《古诗十九首》:"生年不满百,常怀千岁忧。"百,百岁。千岁忧,指很深的忧虑。千岁,多年,时间很长。

【译文】

人的一生活不到一百岁,却常常心怀千年之后的忧虑。

【点评】

此则感慨人生苦短,不必为那些毫无意义的事情而烦忧。

《古诗十九首·生年不满百》全诗为:"生年不满百,常怀千岁忧。昼短苦夜长,何不秉烛游。为乐当及时,何能待来兹? 愚者爱惜费,但为后世嗤。仙人王子乔,难可与等期。"原诗表达了一种人生苦短、及时行乐的思想。

不过，我们今天也可作另一种理解：虽然人生短暂，但也要深谋远虑。这种远虑当然不是为自己，而是为子孙后代，为整个人类的延续与发展。比如今天的"可持续发展"战略，就是惠及千秋万代的大事。正如本书所言"但存方寸地，留与子孙耕"。另一方面，正因为人生苦短，所以更要不待扬鞭自奋蹄。

一一八

今朝有酒今朝醉，明日愁来明日忧①。

【注释】

①"今朝有酒今朝醉"二句：唐罗隐《自遣》："得即高歌失即休，多愁多恨亦悠悠。今朝有酒今朝醉，明日愁来明日愁。"

【译文】

今天有酒，今天就要一醉方休；明天的忧愁，放到明天再说吧。

【点评】

此则反映了一种及时行乐的思想，可见作者消极的人生态度。

唐代诗人罗隐仕途坎坷，十举进士而不第，自感前程渺茫，堕落牢骚之时作《自遣》诗。这首诗表达了他在政治失意后的颓唐情绪，含有愤世嫉俗、消极避世之意。

从另一方面讲，放松身心，享受当下，也未尝不是一种休养生息的方式。正如李白所言："浮生如梦，为欢几何？古人秉烛夜游，良有以也。"总之，人生在世，既要享受今天的生活，也要为未来做好充分的准备。

一一九

路逢险处难回避，事到头来不自由①。

【注释】

①"路逢险处难回避"二句：元高明《蔡伯喈琵琶记》："（白）路当险处难回避，事到头来不自由。奴家少长闺门，不识途路。今日见官司支粮济贫，免不得去请些子救公婆之命。（见净介）（净白）婆娘，你姓甚？名谁？（旦白）奴家姓赵，名五娘，是蔡伯喈的妻房。"

【译文】

走路走到危险的地方，就难以躲避了；事情临到头上时，就不由自主了。

【点评】

此则劝人勿走向绝境。

行路之前，一定要选择大道，如此才能保证通达。做事也是如此，要留有回旋的余地，否则就会把自己逼进绝境，走入死胡同，"事到头来不自由"。

做事要善于谋划，提前预判，做好预案，根据个人实力，量力而为，特别是不要做超出自己掌控能力之外的事情。如果能做到"未雨绸缪"，就会"有备无患"，就不会"事到头来不自由"了。另一方面，虽然"路逢险处难回避"，但不等于不能回避，只要积极应对，还是可以"绝处逢生"的。

一二〇

药能医假病①，酒不解真愁。

【注释】

①医：治疗。

【译文】

药可以治疗好人们假装的病，酒却不能解除人内心深处真正的忧愁。

【点评】

这则告诉人们：借酒浇愁，是没有用的。

中国的酒文化可谓源远流长。自从人类酿造出了酒，它就与人类生活结下了不解之缘。"何以解忧？唯有杜康。"喝酒固然可以御寒，可以助兴，可以暂且舒缓压力、排解忧愁。

但"抽刀断水水更流，举杯销愁愁更愁"，真正的忧愁是酒无法消除的，回归内心，直面困境，找到方法，才能解决问题，获得真正的快乐。

一二一

人平不语，水平不流①。

【注释】

①"人平不语"二句：《朱子语类》卷第七十五《易十一》："'天下之至动'，事若未动时，不见得道理是如何。人平不语，水平不流，须是动，方见得。"平，公平。一作"贫"。

【译文】

人受到公平的待遇，就没有牢骚了；水处在同一水平线上，就不流动了。

【点评】

本则讲公平对人的影响。

公平是人类社会的理想追求之一，公平对维护社会安定具有十分重要的作用。社会公平了，人心理平衡，内心平和，就不会有牢骚话了。

唐韩愈在《送孟东野序》中提出"不平则鸣"的观点："大凡物不得其平则鸣。草木之无声，风挠之鸣。水之无声，风荡之鸣。其跃也，或激之；其趋也，或梗之；其沸也，或炙之。金石之无声，或击之鸣。人之于言也亦然，有不得已者而后言。其歌也有思，其哭也有怀。凡出乎口而为声者，其皆有弗平者乎！"这里的"不平则鸣"由物及人，说明人遇到不平之事就会发出不满的声音。反之,人若得公平,就会"不语"了。

一二二

一家养女百家求,一马不行百马忧。

【译文】

一家养育了女儿,百家都来求婚;一匹马不走,其他的马都跟着忧愁。

【点评】

此则旨在说明一人影响多人,一物影响多物。

个人或一物的存在或行为可能会影响到群体的行为。作为个体不能妄自菲薄,要相信自己存在的价值和意义,同时不能只顾自身利益,还要顾全大局。

一二三

有花方酌酒,无月不登楼①。

【注释】

①"有花方酌(zhuó)酒"二句:《宋元戏文辑佚·看钱奴买冤家债主》:
　　"(中吕过曲)(石榴花)千红万紫东风弄娇柔,做春色满皇州。点波
　　心飞燕尾,翠纹浮。啄花乱落,莺嘴上红溜。等催花一两阵雨乍收,
　　寻芳去凭肩携手。双双有花方酌酒,无月不去登楼。"酌,斟酒,喝酒。

【译文】

有花才值得饮酒,没有月光就不要登楼。

【点评】

此句旨在说有适当的条件才配做合适的事情。

饮酒赏花，登楼望月，是古代文人士大夫的一种雅兴。有些事情在适当的情境和条件下做才会更加美好，所谓锦上添花。

饮酒赏花、登楼望月的情景在古诗里俯拾即是。无论是李白"两人对酌山花开，一杯一杯复一杯"的豪放自在，还是李清照"东篱把酒黄昏后，有暗香盈袖"的浅吟低唱，都有一种"酒浓花艳两相宜"的美妙。唐朝的刘辟直抒胸臆："圆月当新霁，高楼见最明"，宋代的米芾登楼望远："目穷淮海满如银，万道虹光育蚌珍。"有关登楼望月，还有很多说不尽的佳话。

一二四

三杯通大道①，一醉解千愁②。

【注释】

①三杯通大道：指喝酒可以通晓高深的道理。李白《月下独酌》："三杯通大道，一斗合自然。"三杯，此用借代手法，指三杯酒。古代的"三"常为虚指，此处的"三杯"也可理解为几杯酒。大道，高深的道理。

②一醉解千愁：一醉可以消解千万种愁绪。《全金元词》吴澄《木兰花慢·和杨司业梨花》："传闻天上玉为楼，此事付悠悠。且白昼风前，黄昏月下，烂熳同游。神疑藐姑冰雪，又何须、一醉解千愁。自有壶中胜赏，酿来玉液新篘。"《全元散曲》不忽木《（仙吕）点绛唇·辞朝》："（游四门）世间闲事挂心头，唯酒可忘忧。非是微臣常恋酒。叹古今荣辱，看兴亡成败。则待一醉解千愁。"

【译文】

三杯酒喝下去，可以通晓高深的道理；一醉可以解除千万种愁绪。

【点评】

本则旨在说喝酒的效用。

在此则看来,喝酒可以使人通大道,也可以使人解千愁。其实,借酒消愁只能使人忘却一时的忧愁,并不能从根本上解决问题,而且还可能酒后愁更愁。"万斛新愁付杯酒,恶知酒后愁更多。"最好的消愁之法,是直面现实问题。

李白在《侠客行》一诗中说:"三杯吐然诺,五岳倒为轻。"几杯酒下肚就做出了承诺,并且把承诺看得比五岳还重。可见,喝酒还易于使人生出豪情、做出承诺。但很多酒后承诺往往难以兑现,结果就会招致怨恨。所以,还是要防止酒后失言。

一二五

深山毕竟藏猛虎,大海终须纳细流①。

【注释】

①大海终须纳细流:《史记·李斯列传》:"臣闻地广者粟多,国大者人众,兵强则士勇。是以太山不让土壤,故能成其大;河海不择细流,故能就其深;王者不却众庶,故能明其德。"纳,接收。

【译文】

深山里毕竟会藏有勇猛的老虎,大海终究要容纳细细的水流。

【点评】

此则说明有容乃大。

山深林密,所以才能藏得下体形硕大的猛虎;大海深阔,所以才能接收细细的流水。同理,人要有宽广的胸怀,才能接纳各色人等,容纳各种意见,听进不同声音,团结各方人士,成就一番大业。

一二六

惜花须检点①,爱月不梳头。

【注释】

①惜花:爱花。检点:注意约束自己的言行。

【译文】

爱惜鲜花,就要约束自己的行为,不攀折花枝;爱惜月亮,就无需梳妆打扮后再去欣赏。

【点评】

此则旨在表达对美好事物的爱惜之情。

鲜花美丽,是它长在花枝上时;月亮美丽,是它高挂夜空时。如果摘花自占,花的美丽将不会长久,所以只可远观,不可亵玩;如果对月梳头,那么就不能专注赏月。这都不是真正的爱惜。爱惜的行为是尊重而不是占有,是专心而不是分心。

此句还有一层意思,做人要检点,要爱惜自己的名声和道德。不随手拈花,不三心二意。

一二七

大抵选他肌骨好,不傅红粉也风流①。

【注释】

①"大抵(dǐ)选他肌骨好"二句:《侯鲭录·圆通禅师所作颂》:"圆通禅师秀老,本关西人,立身峻洁如铁壁,得法于义怀禅师,不肯出世,作颂云:'谁能一日三梳头,撮得髻根牢便休。大抵是他肌骨好,不施红粉也风流。'"《五灯会元·报恩法演禅师》:"汀州报恩法演禅师,果州人。上堂,举俱胝竖指因缘,师曰:'佳人睡起懒梳头,把得金钗插便休。大抵还他肌骨好,不涂红粉也风流。'"大抵,大概。选,一作"还"。肌骨,指肌肤、容颜。红粉,指女性梳妆打扮用的脂粉。风流,风韵美好。

【译文】

大概是父母生他的肌肤体态好,不用涂脂抹粉也俏丽风流。

【点评】

本则言真正的风流无需刻意修饰。

真正风流的男子或美丽的女子,无需靠涂脂抹粉来装扮自己,而自能风采照人,"清水出芙蓉,天然去雕饰。"

《世说新语》里就描述了很多风韵生动的男子。他们风姿俊朗,犹如珠玉。如裴楷就是一位生来肌骨好的美男子,"裴令公有俊容仪,脱冠冕,粗服乱头皆好,时人以为'玉人'。"周济在《介存斋论词杂著》中有言:"毛嫱、西施,天下美妇人也,严妆佳,淡妆亦佳,粗服乱头,不掩国色。"毛嫱、西施这些美人天生丽质,或略施粉黛,或盛装浓抹,都可以驾驭。正如苏轼所言:"欲把西湖比西子,淡妆浓抹总相宜。"

一二八

受恩深处宜先退,得意浓时便可休①。莫待是非来入耳,从前恩爱反为仇②。

【注释】

①得意浓时便可休:《全宋词》晦庵《满江红》:"胶扰劳生,待足后、何时是足。据见定、随家丰俭,便堪龟缩。得意浓时休进步,须知世事多翻覆。漫教人、白了少年头,徒碌碌。"《鹤林玉露》卷四:"此词或传朱熹作,朱熹云非。"休,停止。

②仇:仇恨。

【译文】

受到他人恩宠多了,就应知道后退;事情做得得意时,就宜适可而止。不要等到矛盾是非传入耳朵时再罢手,那时从前的恩爱反而都变成了怨仇。

【点评】

此则旨在知足知退,适可而止,是古人物极必反辩证思维的体现。

古人深谙"月盈则亏""水满则溢"的道理,做任何事情都有个度,事物的发展超过了这个度就会走向它的反面。古代很多有识之士,都懂得该收手时就收手。如春秋时期的范蠡帮助越王勾践复仇后,选择功成身退,得以保全性命,安享余生。"遂乘轻舟以浮于五湖,莫知其所终极。"再如张良辅佐刘邦打天下,立下丰功伟绩,但他却"愿弃人间事,欲从赤松子游耳。"正因他"受恩深处"能够急流勇退,所以避免了"鸟尽弓藏、兔死狗烹"的结局,保全了性命。懂得适可而止,这是人生的一种大智慧。

一二九

留得五湖明月在①,不愁无处下金钩。

【注释】

① 留得五湖明月在:《说郛》:"但得五湖明月在,春来依旧百花香。"五湖,我国的几个大湖,说法不一,一般指洞庭湖、鄱阳湖、太湖、巢湖、洪泽湖。

【译文】

只要五湖上的明月在,就不用担心没有地方下钩钓鱼。

【点评】

此则旨在说明困境时学会保存实力、着眼长远。

有句俗话说:"留得青山在,不怕没柴烧。"只要还有一些基本条件在,通过努力就一定能够把事情做成功。它表现出一种眼光长远、不怕困难的自信精神。

人生难免会遇到困境,身处困境时,要学会保存实力,相信事情总会有转机,"牢骚太盛防肠断,风物长宜放眼量"。

一三〇

休别有鱼处,莫恋浅滩头①。

【注释】

①"休别有鱼处"二句:南宋戏文《张协状元》:"(丑)个丫头到官司,直是会供状。我便是着响个。(末)你只是没道理。孩儿,你先归去。(丑)我归去说与亚娘,不要你做老婆。(末)它不烦恼。(丑)你莫欺我,第一会读《蒙求》,第二会看水牛。(末)照管吃跌。(丑)自有钓鱼处,不在浅滩头。"恋,贪恋。浅滩,江河中水浅多石而水流很急的地方。这样的地方往往无鱼。

【译文】

不要轻易离开有鱼可钓的地方,不要贪恋水浅无鱼的滩头。

【点评】

本则旨在说明善于把握有利条件。

有时,人会这山望着那山高,总希望能够钓到更大的鱼。孰不知,如果不珍惜有鱼可钓的地方,换到另一个地方时,可能连鱼也钓不到了。因此,不要轻易放弃已有的有利条件。

任何事情都有两面性:安全的地方,利益也更少;危险的地方,利益也更多。浅水滩头安全,却无法行大船、钓大鱼、获大利。因此,不要贪恋它,到水深的地方才有大鱼,该出海时要出海,该搏浪时要搏浪。

一三一

去时终须去,再三留不住^①。

【注释】

①"去时终须去"二句:《全宋词》严蕊《卜算子》:"不是爱风尘,似被前身误。花落花开自有时,总是东君主。去也终须去,住也如何住。若得山花插满头,莫问奴归处。"

【译文】

该失去的东西终究会失去,再三挽留也是无益的。

【点评】

此则旨在教人学会看开、懂得放下。

对人而言,往往是"得则喜,失则悲"。然而,有些事物的逝去却是人力所不能挽留的,比如青春的消逝、生命的终结之类。不该得到的就不必强求,所谓"强扭的瓜不甜"。树立正确的"得失观",一切都让它顺其自然,这样才能够得失泰然,宠辱不惊。

一三二

忍一句,息一怒;饶一着^①,退一步。

【注释】

①饶:让,宽恕。着(zhāo):下棋时走一步为一着。

【译文】

忍住少说一句话,就能够平息一次愤怒;让别人一着,别人也会退让一步。

【点评】

此则是说做人要学会忍让。

忍让不是软弱，而是人与人之间和平共处的一种手段，是一种人际交往的智慧。生活中，不必为一点小事而大动肝火，得理不饶人。

"小不忍则乱大谋"，《世说新语·雅量》中记载了很多名士的雅量。他们能在关键时刻忍耐，以免惹出更大的争端。有一次，王衍曾嘱咐一位族人办事，对方过了很久也没有动静。后来，在一次宴会上正巧碰到那族人，王衍就问："之前我让你办的事怎么样了？"没想到那族人正在气头上，听到这话勃然大怒，拿起手中的食盆就摔在王衍脸上。王衍一句话也没有说，洗完脸走了。回去的路上，他对同伴王导说："你看我的眼光，简直高过牛背。"言外之意是自己不计较挨打受辱之类的小事，王衍可真是"忍一句，息一怒"的典型。

而说到"饶一着，退一步"，我们不仅想起"六尺巷"的故事，双方本来为争夺宅基地发生冲突，但因为自己让了邻居三尺，邻居自惭形秽，也退了三尺，所以产生了"六尺巷"。

一三三

三十不豪①，四十不富②，五十将相寻死路③。

【注释】

①豪：性格豪放，行为不拘常规。

②富：富裕。

③五十将相寻死路：一作"五十全仗子来助"。将相，将要。一作"相将""将近"。

【译文】

三十岁缺乏豪情，四十岁不能致富，到五十岁就要临近死亡了。

【点评】

此则旨在说明合适时段做合适的事，莫失其时。

本则语言直白，通俗易懂，令人警醒。人生的发展具有阶段性，要根据各个阶段的不同特点做相应的事情。这里的三十、四十、五十大概代指人生的三个阶段。年轻人，壮志豪情，冲劲十足，应该努力进取，奋发有为；中年人，壮年强盛，发展成熟，应当事业有成，财富满盈。这样才能为老年生活打下坚实基础，安享晚年。古代人寿命短，"人生七十古来稀"，所以有"五十将相寻死路"的说法。虽然，现在人寿命长了，但青壮之年做一番事业的古训，仍然具有现实意义。

本则还警示人们，勿失生命之时，错过难以补救。贾华堂所藏古本《水浒传》前有施耐庵序云："人生三十而未娶，不应更娶；四十而未仕，不应更仕；五十不应为家，六十不应出游。何以言之？用违其时，事易尽也。"虽然这些具体年龄段该做什么事的说法值得推敲，但表达的含义令人深思。路遥在《人生》开篇题记中说："人生的道路虽然漫长，但紧要处常常只有几步，特别是当人年轻的时候。"如果年轻时萎靡不振、不思进取，中年时碌碌无为、一事无成，那么晚年就只能空留遗憾，徒作浩叹了。

一三四

生不认魂，死不认尸。

【译文】

人活着的时候，不认识自己的灵魂；死了以后，不认识自己的尸体。

【点评】

本则点明人的生死局限。

灵魂不灭论认为，人是有灵魂的，灵魂可以生死轮回，可是人活着的时候，无法看到它，这就是"生不认魂"；人死之后，万事皆空，当然不认得曾经寄居过的血肉之躯,这就是"死不认尸"。一个人纵有千般本事,万般能耐,却无法做到生前认魂,死后认尸。这就是人的生死局限。

这两句还有着更深刻的含义,"生不认魂"也可理解为活着时往往不认识真正的自己,看不清自己的目标和精神需求。"死不认尸"也是在说,身体只是一个皮囊而已,装着什么样的灵魂才是最重要的。所以,在有限的人生之旅中,你我皆匆匆过客,不念过往,不畏将来,如此安好。

一三五

父母恩深终有别,夫妻义重也分离。人生似鸟同林宿,大限来时各自飞①。

【注释】

① "人生似鸟同林宿"二句:《张协状元》:"(旦白)谢荷公婆妾且归,(净)明朝依旧守孤帏。夫妻本是同林鸟,大限来时各自飞。"大限,死期。

【译文】

父母的恩情再深终究要与你分别,夫妻的情义再重也有分离的时候。人生就像鸟儿一样,虽然在同一个林子里居住,但当死期到来的时候,还是各自离去。

【点评】

本则感叹生命的无奈。

死亡是万事万物必然的结局。认清死亡这件事情,会更加珍惜活着的日子。好好珍惜父母的恩情、夫妻的情感、兄弟的情谊,珍惜身边的人。正如苏轼在《和子由渑池怀旧》中所言:"人生到处知何似?应似飞鸿踏雪泥。泥上偶然留指爪,鸿飞那复计东西。"人生充满偶然和无常,以顺其自然的态度对待人生,会活得更加自在。

一三六

人善被人欺，马善被人骑。

【译文】

人太善良了，就容易被他人欺负；马太驯服了，就容易被人驾骑。

【点评】

此则旨在教人学会自我保护。

在作者看来，人太善良了就会吃亏。其实，是否被人欺，并不完全取决于人是否善良，而是有很多因素的，比如欺人者的恶劣品行。

善良是做人的一种良好品德。善良不是软弱，不是没底线。做人要善良，但不能因善良而吃亏，要学会自我保护。

一三七

人无横财不富，马无夜草不肥①。

【注释】

①"人无横财不富"二句：元张国宾《全元曲·相国寺公孙合汗衫》第三折："人无横财不富，马无野草不肥。我陈虎只因看上了李玉娥，将他丈夫搠在黄河里淹死了。那李玉娥要守了三年孝满，方肯随顺我。"横财，也作"外财"，指意外侥幸得来的财物。夜草，一作"野草"。

【译文】

人没有额外之财，就不会致富；马不在夜里吃草，就不会膘肥体壮。

【点评】

此则揭示横财与致富的关系。

　　横财在这里指意外之财、不义之财。不义之财可以使人短时间之内发家致富,但却是不光彩的,甚至是违法犯罪的。这样的财产来得快去得也快。还有的人,虽然得了不义之财,却害怕事情败露,整天担惊受怕,甚至因此精神恍惚。孔子云:"不义而富且贵,于我如浮云。"本书也有一句:"君子爱财,取之有道。"通过自己的辛勤劳动合理合法地获取财富,才心安理得。

一三八

　　人恶人怕天不怕,人善人欺天不欺。善恶到头终有报,只争来早与来迟①。

【注释】

　　①"善恶到头终有报"二句:《全唐诗续拾》令超《垂训诗》:"行藏虚实自家知,祸福因由更问谁。善恶到头终有报,只争来早与来迟。闲中检点平生事,静坐思量日所为。常把一心行正道,自然天地不相亏。"

【译文】

　　凶恶的人,有人怕他,但天不怕他;善良的人,有人欺负他,但天却不欺负他。不论是行善还是作恶,到头来总会得到应有的报应,只是报应来得早一点或者晚一点罢了。

【点评】

　　本则讲善恶报应,旨在劝人向善。

　　这里的善恶报应带有宿命论的色彩。但"善有善报,恶有恶报"还是有一定的道理的。一个人做了善事,给他人带来了益处,自己也会感到幸福。这就是"善有善报"。一个人做了恶事,给他人带来了伤害,被他人憎恨,被社会法律惩罚,由此自己也就尝到了恶果。这就是"恶有恶报"。

善恶报应不能依赖于上天冥冥之中的力量,最重要的还是要建立良好的社会机制,健全法律法规,惩恶扬善。

一三九

黄河尚有澄清日,岂可人无得运时①。

【注释】

① "黄河尚有澄(chéng)清日"二句:南宋戏文《张协状元》:"几番焦燥,命直不好,埋冤知是几宵。受千般愁闷,万种寂寥,虚度奴年少。每甘分粗衣布裙,寻思另般格调。若要奴家好,遇得一个意中人,共作结发,夫妻谐老。(白)古庙荒芜怕见归,几番独自泪双垂。黄河尚有澄清日,岂可人无得运时。"

【译文】

黄河里的水还会有澄清的那一天,人怎么会没有行好运的时候呢。

【点评】

此则旨在强调每个人都会时来运转,事情是发展变化的。

黄河水从上游带着大量泥沙东归入海,想让黄河由混浊变得清澈并非易事。古人有"千年难见黄河清"的说法,但黄河总归是有变清的时候。"三十年河东,三十年河西",事情都是发展变化的。此则给人信心和力量,相信经过不懈努力,好运终将到来。"机遇只偏爱有准备的头脑"。

一四〇

得宠思辱,安居虑危①。

【注释】

① 安居虑危:《左传·襄公十一年》:"《书》曰:'居安思危,思则有

备,有备无患。'"

【译文】

得到恩宠时,要想到可能受侮辱的时候;处在平安的境地,要想到可能处于危险的情形。

【点评】

本则旨在说明要有危机意识,充满辩证思想。

前文"受恩深处宜先退,得意浓时便可休"与此类似。宠辱、安危,都不是一成不变的,会根据条件的变化而互相转化。因此,要有这种转化的意识,有备无患才可以免辱避危。一个家庭、一个国家、一个民族,都要有居安思危的思想和行动,这样才能保持和平稳定与长久发展。魏徵曾给唐太宗上疏道:"不念居安思危,戒奢以俭,德不处其厚,情不胜其欲,斯亦伐根以求木茂,塞源而欲流长者也。"魏徵的建议表现了一位政治家的深谋远虑。

一四一

念念有如临敌日①,心心常似过桥时②。

【注释】

①念念:每一个念头。

②心心:每时每刻的心理。过桥:指过独木桥,比喻生活在有危险的地方。

【译文】

思想上永远应该像面临大敌一样警惕,心理上永远应该像过独木桥一样谨慎。

【点评】

本则教人要时刻保持谨慎的状态。

《诗经·小雅·小旻》云："战战兢兢,如临深渊,如履薄冰。"谨小慎微是做好事情的一个重要条件,"诸葛一生唯谨慎"。但如果时时刻刻都处在一种高度谨慎的状态,可能也会限制人们的思考力、创造力和执行力,正像前文所说"人太紧则无智"。因此,谨慎的意识要有,但也要适可而止。

一四二

英雄行险道,富贵似花枝①。

【注释】

①"英雄行险道"二句:《石屏诗集·赠郭道人》:"灭性能安乐,深居绝是非。英雄行险道,富贵隐危机。纸被如棉软,藜羹胜肉肥。苍苔满山径,最喜客来稀。"险道,险恶的道路。

【译文】

英雄行走的是充满危险的道路,富贵就像枝头上的花一样不长久。

【点评】

此则言成之有险,守之亦难。

英雄所做的事情充满了风险,可能成功,也可能失败。富贵就像枝头上的花朵,有开有落。凡事都有两面性。要看到英雄的伟大与成功,也要看到他们的艰难与危险。要看到富贵的风光与华丽,也要看到繁华过后的落寞。

一四三

人情莫道春光好,只恐秋来有冷时。

【译文】

不要说人情永远像春光一样和煦美好,只怕也有像秋天冷清的时候。

【点评】

本则在说人情冷暖。

人与人之间关系的维系,需要双方共同的努力。两人互尊互敬、互帮互助时,人情才会如春光一般美好,否则,这种美好的关系就很难维系。本书另一则"有茶有肉多兄弟,急难何曾见一人"可与本则互证。"有酒有肉"的时候,人们与你称兄道弟,那是"春光好";"急难"的时候,没有一个人出来帮忙,那是"秋来有冷时"。作者用"春光"和"秋冷"的对比,来描述人情得意与失意的状态,生动形象,易于理解。

一四四

送君千里,终须一别①。

【注释】

①"送君千里"二句:《不伏老》:"(小上楼)你如今英雄未老,行藏难料。实指望千载奇逢,万里封侯,一品随朝。铜柱标,金瓯罩,姓扬名耀。不枉了苦心人,竭忠尽孝。(副末)常言送君千里,终须一别。少得留恋!"

【译文】

送君千里,终究还是要分别的。

【点评】

此句旨在教人学会释然。

"送君千里",说明了情谊之深重;"终须一别",表达了分别的无奈。

离别是一件让人伤感的事情,江淹在《别赋》开篇即言:"黯然销魂者,唯别而已矣!"特别是在古代,出门远行一别数月,甚至经年,"别时容易见时难"。

所以，在离别时，人们折柳相送，以表达"挽留"之意。同时，人们也创造了许多熨帖人心的诗词，宽慰人们因离别而伤感的心，如"海内存知己，天涯若比邻。无为在歧路，儿女共沾巾"。如"莫愁前路无知己，天下谁人不识君"。

一四五

但将冷眼看螃蟹，看你横行到几时^①。

【注释】

①"但将冷眼看螃蟹"二句：元杨显之《秋夜雨》剧："正是：'常将冷眼看螃蟹，看你横行到几时。'"冷眼，冷静客观的态度。

【译文】

且用冷静的态度来看螃蟹，看你能横着爬行到什么时候。

【点评】

本则旨在静待横恶势力受到惩罚。

螃蟹走路是横着爬行的，这里用螃蟹来比喻恶人横行霸道。此则常被用来表达人们对邪恶势力的不满和愤慨。当人们没有力量去打击邪恶势力时，就只能把愤怒压在心底，静候他们自取其咎那一天的到来。所以说"看你横行到几时"。

抗日战争时期，齐白石闭门谢客，多次拒绝为日寇作画。然而日本人不断施加压力，最后，他无奈之下提笔画了四只螃蟹，落款为"看你横行到几时"，日本人看到后大为愤怒。齐白石的行为表现出一个有良知的中国人的气节。

一四六

见事莫说,问事不知。闲事莫管,无事早归①。

【注释】

①"见事莫说"四句:《苕溪渔隐丛话》:"世间俚语,往往极有理者,如'闻事莫说,问事不知,闻事莫管,无事早归'。若能践此言,岂有不省事乎? 又'少吃不济事,多吃济甚事,有事坏了事,无事生出事'。若能守此戒,岂复为酒困乎?"

【译文】

看见的事情不要乱说,别人来问事就说不知。遇到闲事不要管,无事要办就早点回家。

【点评】

此则劝人明哲保身,不惹是非。

这是古人避祸思想的一种反映,与"事不关己,高高挂起""各人自扫门前雪,哪管他人瓦上霜"等如出一辙。

这种思想有一定的道理,可以使自己少惹麻烦与是非,然而,也容易造成人际交往的冷漠。

一四七

假饶染就真红色,也被旁人说是非①。

【注释】

①"假饶(ráo)染就真红色"二句:《元本琵琶记》:"雪隐鹭鸶飞始见,柳藏鹦鹉语方知。(生)假饶染就绀红色,也被旁人说是非。"假饶,即使。一作"假毁"。染就,染成。

【译文】

即使染成了真正的红色,也会遭到他人的非议的。

【点评】

本则说明假的真不了。

本则不是很好理解。"假饶"作"即使""纵使"解,则全句没有具体的主语。我们不知道是什么染成真正的红色,也会遭他人非议。该则也作"假缎染就真红色,也被旁人说是非",若如此则相对容易理解:假的绸缎即使染成了真正的红色,也会遭到他人非议。

我们可以把对本句的理解重点落在真假的辨别上。假的就是假的,不管怎么伪装,也逃不过世人的眼睛,所以永远不要弄虚作假。

本句理解的重点还可落在是非的讨论上。"假饶染就真红色",已经由"假红色"变成"真红色"了,也仍然有人说是非。这就是说,不论真假,总会有人说是非的。做事情要做到"无可非议"是很难的。这就提醒世人,做好自己才是最重要的,不要去管他人的是非评论。

一四八

善事可作①,恶事莫为②。

【注释】

①善事:好的事情。

②恶事:邪恶的行为或事情。

【译文】

好的事情可以做,邪恶的事情不能做。

【点评】

此则劝善戒恶。

张潮在《幽梦影》中说:"凡事不宜痴,若行善则不可不痴。"只有行善是可以痴心去做的,正像前文所说:"但行好事,莫问前程。"《周易·文言》云:"积善之家,必有余庆;积不善之家,必有余殃。"即积德行善的人家,一定有福泽惠及子孙;作恶多端的人家,一定会给后代留下祸殃。

一四九

许人一物,千金不移①。

【注释】

①"许人一物"二句:元同恕《榘菴集》:"民之被其惠利者,久而后益,知其不可复得也。轻财重义,一诺之许,千金不移。"

【译文】

答应送给别人的东西,即使有人用千金来换也不能改变。

【点评】

此则指做人要重言诺,讲信用,不能见利忘义。

中国人特别重视信守诺言,讲究信用。如"君子一言,驷马难追""言必信,行必果""一言九鼎"等都是形容这种品格的。

季布"一诺千金"的故事与此则相通。《史记·季布栾布列传》记载:秦朝末年,楚地有个叫季布的人,性情耿直,为人侠义。只要他答应过的事情,无论有多大困难,他都设法办到,从不失信,因此有"得黄金百斤,不如得季布一诺"的说法。

只有人人都讲信用,这个社会才值得信任,社会公信力才能大大提升。如果都见利忘义,随意改变承诺,整个社会秩序就会混乱。

一五〇

龙生龙子①,虎生豹儿②。

【注释】

①龙生龙子:《祖堂集·丹霞和尚》:"师曰:'大深远生!'侍者曰:'佛眼觑不见。'师曰:'龙生龙子,凤生凤子。'侍者举似国师,国师便打侍者。"

②虎生豹儿:老虎生下像豹子的孩子一样。因老虎幼时和豹子长得很像,所以这么说。豹,一作"虎"。

【译文】

龙生的是小龙,虎生的是虎崽。

【点评】

此则讲遗传。

人们还常说"龙生龙,凤生凤,老鼠的儿子会打洞。"从遗传学的角度看,有什么样的物种,就会生什么样的后代。这是物种得以保存和延续的重要原因。其实,遗传不仅是生理上的遗传,也是精神上的遗传。所谓"老子英雄儿好汉"是也。

一五一

龙游浅水遭虾戏,虎落平洋被犬欺①。

【注释】

①平洋:平川,地势平坦之处。一作"平阳"。

【译文】

龙游到水浅处会遭到小虾的戏弄,老虎到了平川上会被狗欺负。

【点评】

此则讲失利的困境。

纵然龙可以呼风唤雨,虎可以震啸山林,但地方不对、时间不对,落入困境时,即使有千般本事也施展不出来。龙虎在古代常常用来指代有权有势的人,所以这两句以龙和虎比拟人不逢天时、不得地利,陷入困境时的落魄状态。还有相似的语句叫"得志犬猫强似虎,失时鸾凤不如鸡"。

一五二

一举首登龙虎榜,十年身到凤凰池^①。

【注释】

① "一举首登龙虎榜"二句:《梦溪笔谈·讥谑》:"张唐卿进士第一人及第,期集于兴国寺,题壁云:'一举首登龙虎榜,十年身到凤凰池。'有人续其下云:'君看姚晔并梁固,不得朝官未可知。'后果终于京官。"龙虎榜,指同一时期的社会知名人士同登一榜。此指朝廷公布的科举录取名单。《新唐书·欧阳詹传》:"举进士,与韩愈、李观、李绛、崔群、王涯、冯宿、庾承宣联第,皆天下选,时称'龙虎榜'。"凤凰池,本是皇宫禁苑中的池沼。魏晋时期,称中书省为"凤凰池"。到唐代,宰相称同中书门下平章事,故多以"凤凰池"指宰相职位。后世常把"龙虎榜"与"凤凰池"并举。

【译文】

一旦登上了进士榜,十年之后就可以在朝廷里出任高官了。

【点评】

此则讲功成名就,劝人向学。

中国古人的功名是与科举考试、读书做官联系在一起的。刻苦读书是为了通过科举考试,获取功名,一旦成功就有登上"龙虎榜"的荣誉,身居"凤凰池"的高职,光宗耀祖、名利俱得。在高回报的强大诱惑下,无数读书人焚膏继晷,皓首穷经。这两句正是借此以激励世人刻苦用功,追求功成名就。有一首《劝学诗》(作者不详),为了劝勉男儿读书,列出种种好处：

富家不用买良田，书中自有千钟粟。安居不用架高堂，书中自
有黄金屋。娶妻莫恨无良媒，书中有女颜如玉。出门莫恨无人随，
书中车马多如簇。

这首诗中的"书中自有黄金屋""书中有女颜如玉"成了名句。通
过读书出仕所获的好处确实诱人，但其境界不高，是一种功利读书观，表
现出古人对读书的狭隘理解。如果读书只是为了获得个人私欲的满足，
将会出现虽然饱读诗书、但一心为己的自私自利之人，如钱理群教授所
言"精致的利己主义者"。这是不足取的。

一五三

十载寒窗无人问，一举成名天下知①。

【注释】

① "十载寒窗无人问"二句：宋洪迈《夷坚志·汪八解元》："德兴汪
远之，行第八，赴省试。其兄及之在家，梦一驶步至，立于廷曰：
'十年勤苦无人问，一日成名天下知。八解元过省，喏喏。'后三
日，报牓人来，大呼前三句，及连唱喏，与梦中不少差。夫以一走
卒唱喏，亦先见于梦，岂得谓之不前定乎！"寒窗，冬日寒冷的窗
前，比喻艰苦的学习环境。

【译文】

十年寒窗苦读没有人问候；一旦榜上有名，天下的人都知道了。

【点评】

此则旨在激励人勤学苦读，以求功名。

古人读书大都是为了能够考取功名，这样可以扬名天下，光宗耀祖。
寒窗苦读是辛苦的，但成名之后的效益也是非常大的。这确实是科举考

试的实际情况。所以,古代无数读书人,不惜数十年寒窗苦读,把考取功名作为人生第一追求。

也有很多有才之士因为没有科举成功而一生落寞卑微的,比如蒲松龄,因未中科举抱憾终生,当时未必能够天下知,但因仕途失意而创造出流传后世的小说《聊斋志异》,恰恰是真正的"天下知"了。

一五四

酒债寻常行处有,人生七十古来稀①。

【注释】

①"酒债寻常行处有"二句:杜甫《曲江二首》其二:"朝回日日典春衣,每日江头尽醉归。酒债寻常行处有,人生七十古来稀。穿花蛱蝶深深见,点水蜻蜓款款飞。传语风光共流转,暂时相赏莫相违。"酒债,因赊酒所负的债。寻常,寻与常都是古代长度单位,八尺为寻,一丈六尺为常。这里意为平常、经常。行处,随处、到处。

【译文】

喝酒欠债是很平常的,到处都有;但人能活到七十岁的,自古以来却非常稀少。

【点评】

此则说人生苦短,当及时行乐,是作者的一时意气之言。

《曲江二首》是乾元元年(758)杜甫在京师任左拾遗时所作。左拾遗是一个谏官。杜甫因为上疏救房琯,触怒了肃宗,从此为肃宗疏远。作为谏官,杜甫的意见却不被采纳,还暗藏着招灾惹祸的危机。所以他在诗里表达了借酒消愁之意。明乎此,就会对这首诗有比较准确的理解。

为何诗人到处赊账买酒以图醉呢?因为"人生七十古来稀"。意谓人生苦短,既然不得行其志,就"莫思身外无穷事,且尽生前有限杯"

吧。明末清初学者仇兆鳌注曰:"酒债多有,故至典衣;七十者稀,故须尽醉。二句分应。"宋代诗评家吴可《藏海诗话》:"世传'酒债寻常行处有,人生七十古来稀',以为寻常是数,所以对七十。老杜诗亦不拘此说,如'四十明朝过,飞腾暮景斜',又云'羁栖愁里见,二十四回明',乃是以连绵字对连绵数也。以此可见工部立意对偶处。"

现在人们常用此二句指想要高寿不容易。虽然今天人的寿命普遍延长了,但七十岁以后身体健康和精神状态却未必好。寿命有限,人应该趁年轻多学习、多做事,以无愧此生。

一五五

养儿防老,积谷防饥[①]。

【注释】

① 积谷防饥:《全唐文补编·辩才家教序》:"栽树防热,筑堤防水。积行防衰,积谷防饥。勴读诗书,自然知足。"谷,粟的别称。泛指粮食。

【译文】

养育儿女是为了防止年老了无所依靠,积储粮食是为了防备饥荒岁月。

【点评】

此则讲"有备无患"。

做事情不能只顾眼前,要深谋远虑。古代社会,"重男轻女"思想严重,"嫁出去的闺女,泼出去的水"。在家庭里,儿子是赡养老人责无旁贷的人。所以古时生养儿子,除了传宗接代,还有一个重要目的就是防止年老时无依无靠。由此也可理解为什么很多人一定要生养儿子才罢休。当今社会,男女平等。儿女都有赡养老人的义务,社会养老体系也日渐完善,人们不必再执着于"养儿防老"了。

古代农民主要靠天吃饭,常因天灾人祸发生饥荒。一旦饥荒来临,人们要么苦苦支撑,要么乞讨求生,甚至会被活活饿死。为了防止发生饥荒,人们就形成了"积谷防饥"的意识。现在,我国已进入"小康社会",人们不必再有"积谷防饥"之虑,但节约粮食的传统还是应该继承,预防灾害发生的忧患意识还是应该保有。

一五六

鸡豚狗彘之畜,无失其时。数口之家,可以无饥矣①。

【注释】

① "鸡豚(tún)狗彘(zhì)之畜"四句:《孟子·梁惠王上》:"五亩之宅,树之以桑,五十者可以衣帛矣;鸡豚狗彘之畜,无失其时,七十者可以食肉矣。百亩之田,勿夺其时,数口之家可以无饥矣。"豚,小猪,亦泛指猪。《说文解字》:"豚,小豕也。"彘,古代指野猪,或泛指一般的猪。畜,禽兽,这时专指家养的禽兽。

【译文】

不耽误鸡、猪、狗等家畜的繁殖时机,有几口人的家庭也不会挨饿了。

【点评】

本则是说不要错失家畜繁殖的时机。

在孟子看来,适时繁育牲畜,应时耕种粮食,人们就可以过上丰衣足食的生活了。这里只是截取了其中几句,其中的关键是,要顺应牲畜的繁育时期,顺应农作物的生长时间,勿夺农时。

一五七

常将有日思无日,莫把无时当有时①。

【注释】

①"常将有日思无日"二句：明汪砢玉《珊瑚网》："出入行藏要三思，世情更变斗星移。常将有日思无日，莫待无时思有时。"

【译文】

拥有的时候，要常常想到没有的日子；条件不好时，不要像条件优越时那样铺张浪费。

【点评】

此则讲"居安思危"。

这两句与"得宠思辱，安居虑危"思想一致。

"有"时，事事都好；"无"时，步步难行。日常生活要长远打算，才能细水长流。条件好、拥有多的时候，学会珍惜，懂得节约；条件不好时，适应现状，调整心态，积极谋求新的出路。当然，一旦拥有了美好生活，就不要好了伤疤忘了痛，要做到"常将有日思无日"。这是古人忧患意识的体现，本书还有很多类似的表述，如"养儿防老，积谷防饥"等。

一五八

时来风送滕王阁①，运去雷轰荐福碑②。

【注释】

①滕王阁：位于江西南昌，与湖北武汉的黄鹤楼、湖南岳阳的岳阳楼并称江南三大名楼。永徽三年（652），唐高祖李渊之子滕王李元婴调为洪州（今江西南昌）都督，因思念故地滕州（开始被封于山东滕州），次年（653）在洪州又建造了"滕王阁"。上元二年（675），洪州都督阎伯屿重修滕王阁，定于九月九日大宴宾客。九月八日晚，王勃前往交趾省亲，船泊于马当，距洪州七百里。相传他乘坐的船被风吹到阁下，才得以参加此次宴会，并当场作了

《滕王阁序》,"滕王阁"因此扬名天下。

②雷轰荐福碑:宋惠洪《冷斋夜话》:"范文正公镇鄱阳,有书生献诗甚工,文正礼之。书生自言:'天下之至寒饿者,无在某右。'时盛行欧阳率更书,荐福寺碑墨本直千钱。文正为具纸墨,打千本,使售于京师。纸墨已具,一夕,雷击碎其碑。故时人为之语曰:'有客打碑来荐福,无人骑鹤上扬州。'东坡作穷措大诗曰:'一夕雷轰荐福碑。'"后用"雷轰荐福碑"作为命运多舛的典故。

【译文】

交了好运时,就像风送王勃到滕王阁扬名一样顺利;运气不好时,就像要写荐福碑的碑文却被雷轰毁一样倒霉。

【点评】

这两句宣扬时运对人的影响。

其实,时机和运气就是各种各样的条件。各方面条件具备了,做事情就会顺利;条件没有了,做事情就困难。相传王勃能一夜之内行七百里,与风的帮助有关,但他能一举成名,则与自己的才华有关。荐福碑被轰与雷电有关,穷书生没有抄到碑文与他没有及时前往有关。所以,机会永远留给有准备的人,个人只有积极努力地创造好条件,才能享有好运气。

一五九

入门休问荣枯事①,观看容颜便得知②。

【注释】

①荣枯:兴盛与衰落。

②容颜:人的容貌与气色。

【译文】

进入他人的家门不必问日子过得好坏,只要观察一下主人的气色就知道了。

【点评】

此则讲要善于察颜观色。

人际交往中,要学会察颜观色,由此可以推测出人的生存境况、情感态度等丰富内容,据此可以做出相应反应。这也是高情商的表现。如果不注意察颜观色,有些事情直接莽撞相问,会触及他人不愉快的地方,导致交往失败。

一六〇

官清书吏瘦①,神灵庙祝肥②。

【注释】

①书吏:各官署吏员的总称。一作"司吏"。

②庙祝:庙宇中管理香火的人。

【译文】

长官清廉,下属长得清瘦;神仙灵验,看管香火的人长得肥胖。

【点评】

此则讲相互关系与影响。

相关事物之间具有一定的联系。长官清廉,下属就不敢贪污腐化,不敢大吃大喝,所以会长得清瘦。神仙灵验,来烧香供奉的人多,庙宇里的钱财也多,看管香火的人的生活水平、伙食待遇也高,所以会长得肥胖。所以,看待事物时,不要就事论事,而要形成联系的思维,分析出事物之间直接或间接的联系,这样就能够由此知彼。

一六一

息却雷霆之怒①,罢却虎狼之威②。

【注释】

①息却:平息,除去。雷霆之怒:形容人震怒、盛怒的状态。

②罢却:放下,去掉。

【译文】

平息掉像雷霆大发一样的怒气,放下如狼似虎一样的威风。

【点评】

此则劝人戒除怒气,调节情绪。

遇到一些不如意的事情时,有人怒火中烧,大发雷霆;有人耀武扬威,以势欺人。其实,"怒"与"威"都不是解决问题的好办法。从自身角度说,怒伤肝,不利于自我身体健康;从与他人交往角度讲,怒和威可能把他人吓跑,招致怨恨。

一六二

饶人算之本①,输人算之机②。

【注释】

①饶人:宽恕别人。算:胜算。本:根本。

②输人:承认己不如人,不争强好胜之意。机:事物发展的关键处。

【译文】

能够宽恕别人是处事能胜算的根本,承认不如别人是处事能够成功的关键。

【点评】

本则讲处事的策略。

饶人和输人,都是一种处事的智慧。这里的输人,表面上看是自己退了一步,输了一回,其实自己从中获得了更大的益处。

宋代惠洪的《冷斋夜话》记载了一则石曼卿的典故。石曼卿喜欢饮酒,也喜欢开玩笑。有一次,他从报慈寺出来,由于牵马的人疏忽,致使马受惊乱动,石曼卿摔了下来。随从惊恐异常,赶紧把他扶起来,周围的人都以为石曼卿一定会大发脾气。谁知,石曼卿慢慢地对牵马人说:"幸亏我是石学士,假如我是瓦学士,不早摔成碎片了?"石曼卿待人宽厚,一个玩笑就轻松化解了尴尬的场景,真是位处事的高手。

一六三

好言难得,恶语易施①。

【注释】

①施:说出。

【译文】

对人有益的话很难听到,伤人的话却很容易说出。

【点评】

本则指恶语易伤人。

说话是一门艺术。话不在多,而在恰到好处。"良言一句三冬暖,恶语伤人六月寒。"说话时要防止恶语伤人。说话也要注意场合,否则会暴露你的情商。《汉书·盖宽饶传》记载,皇太子的外祖父平恩侯许伯搬入新居,大臣们去祝贺。酒兴正浓,音乐初起,盖宽饶仰头视屋说:"美则美矣! 但富贵无常,谁知什么时候就换了主人,这就好像旅店一样,来往的人多啦!"虽然盖宽饶的本意是借机奉劝主人谨慎行事,方得长久。但在为人庆贺的场合,说出这样的话语,难免让人扫兴。

一六四

一言既出,驷马难追①。

【注释】

① "一言既出"二句：由《论语·颜渊》"驷不及舌"演化而来。《邓析子·转辞》："一言而非，驷马不能追；一言而急，驷马不能及。"宋欧阳修《笔说·驷不及舌说》："俗云：'一言出口，驷马难追'，《论语》所谓'驷不及舌也'。"驷（sì）马，指同驾一车的四匹马。

【译文】

一句话说出口，四匹马拉的车也追赶不回来。

【点评】

此则教人说话要谨慎，并信守承诺。

这句话包含了两层含义。一是说话要谨慎。说出口的话，即使用跑得快的四匹马拉的车也追不回来了。因此，不要轻易说话，更不要轻易许诺别人。二是说话要守信。言出必行，说到做到。

本则与"许人一物，千金不移"具有相似的含义，是中国人重言诺的体现。

一六五

道吾好者是吾贼，道吾恶者是吾师①。

【注释】

① "道吾好者是吾贼"二句：《荀子·修身》："故非我而当者，吾师也；是我而当者，吾友也；谄谀我者，吾贼也。"

【译文】

说我好话的人是害我的人，讲我缺点的人是我的老师。

【点评】

此则从自我修养的角度，谈如何才能使自己进步。

本则对批评自己的人持了一种赞赏态度,这种态度和胸怀是值得肯定的。别人敢于指出自己的缺点,才能使自己更好地认识自己,有则改之,无则加勉。

对于他人"道吾好"与"道吾恶"还是应该辨析的。有种"道人好"叫捧杀,即过分夸奖或吹捧,使人骄傲自满甚至堕落失败。这样的"道人好"真的是害人不浅。《庄子·盗跖》有言:"好面誉人者,亦好背毁之。"就是说喜欢当面赞誉人的人,也喜欢背后诽谤人。反之,有些敢于真言相谏、当面批评的人,倒是胸怀坦荡、以诚相待的诤友。当然,有的人是不怀好意,恶语中伤,这样的人也是害人的贼。

类似本则的格言警句还有很多。例如"闻善言则拜,告有过则喜""开敢谏之路,纳逆己之言""良药苦口利于病,忠言逆耳利于行"等等。这些都是告诫人们要多听批评意见,少听阿谀奉承之词。

一六六

路逢险处须当避,不是才人莫献诗①。

【注释】

①"路逢险处须当避"二句:《五灯会元》:"师曰:'路逢剑客须呈剑,不是诗人莫献诗。'清曰:'诗速秘却,略借剑看。'"路逢险处须当避,一作"路逢剑客须呈剑"。

【译文】

路上遇到危险之处应当躲避,不要向没有才学的人献诗。

【点评】

本则前一句讲避害,后一句讲知音。

遇到危险就应当避开,这是人之常情。《老子》第五十章云:"盖闻善摄生者,陆行不遇兕虎,入军不被甲兵,兕无(所)投其角,虎无所措其爪，兵无所容其刃。夫何故？以其无死地。"老子认为，善于养生的人，能够避开各种攻击，因为他们不入危险之地，善于避害。

向不懂诗的人献诗，无疑对牛弹琴，正确的做法是前文所言的"诗向会人吟"。值得注意的是，另一个版本"路逢剑客须呈剑"似乎与"不是才子莫献诗"更为对称，都是指做事要匹配对象，恰到好处，宝剑才能配侠客，才子才能懂好诗。

一六七

三人同行，必有我师焉；择其善者而从之，其不善者而改之①。

【注释】

①"三人同行"四句：《论语·述而》："子曰：'三人行，必有我师焉：择其善者而从之，其不善者而改之。'"善者，好的方面。

【译文】

几个人一起走路，其中一定有值得我学习的老师；选择他们身上的长处加以学习，看到他们身上的不足就要引以为戒，加以改正。

【点评】

此则讲"善师"，即善于随时随地选择可以学习的人和事。

良好的态度与正确的方法，对学习都是非常重要的。此则既表明了学习的态度——虚心向他人学习；也指明了学习的方法——从正反两方面来吸取优点、改进不足，促进自己的成长。

在《论语·子张》中，卫公孙问子贡："仲尼的学问是从哪里学来的？"子贡说："文武之道未坠于地，在人。贤者识其大者，不贤者识其小者，莫不有文武之道焉，夫子焉不学？而亦何常师之有？"子贡认为孔子无所不学，学无常师，关键是要善于学习。子贡的说法可与本则互证。

韩愈在《师说》中更是提出了"圣人无常师"的观点："圣人无常师。孔子师郯子、苌弘、师襄、老聃。郯子之徒,其贤不及孔子。"

唐杜甫在《戏为六绝句》中提出"转益多师是汝师"的观点,即不拘泥于一家之说,多方寻找老师,学各家之长,这样才能"兼听则明""博学广识",使自己不断成长。这也是一种"善师"的表现。

一六八

少壮不努力,老来徒悲伤^①。

【注释】

①"少壮不努力"二句:汉乐府民歌《长歌行》："青青园中葵,朝露待日晞。阳春布德泽,万物生光辉。常恐秋节至,焜黄华叶衰。百川东到海,何时复西归?少壮不努力,老大徒伤悲。"少壮,指年轻的时候。徒,只,仅仅。

【译文】

年轻的时候不努力,年纪大了就只能悲伤后悔了。

【点评】

本则劝人年轻时努力勤学。

这两句与唐代颜真卿的《劝学》诗十分相似："三更灯火五更鸡,正是男儿读书时。黑发不知勤学早,白首方悔读书迟。"年少时时间充足,精力充沛,宜勤学苦读,不要等中年无成、老年无功时,再徒增后悔。

一六九

人有善愿,天必佑之^①。

【注释】

①"人有善愿"二句:《法苑珠林》:"故经云:'人有善愿,天必从之。'斯言验矣。"佑,指天、神等的佑助。

【译文】

一个人有善良的愿望,上天也会保佑他。

【点评】

此则旨在"劝善"。

《老子》第七十九章云:"天道无亲,常与善人。"天道对于众生一视同仁,无偏无私,但上天又常暗中帮助那些善良的人们。宋代道教经典《太上感应篇》写道:"所谓善人,人皆敬之,天道佑之,福禄随之,众邪远之,神灵卫之,所作必成,神仙可冀。""人善人欺天不欺""善有善报"都与这两句意思一致。

吸引力法则表明,关注什么,就吸引什么。一个人有善愿,充满正能量,则能吸引更多同类,从而获得更多帮助。从这个意义上说,"人有善愿,天必佑之"的事情是会发生的。

当然,司马迁在《史记·伯夷列传》中也表达了对于天道的疑惑:"若伯夷、叔齐,可谓善人者非邪?积仁洁行,如此而饿死。且七十子之徒,仲尼独荐颜渊为好学。然回也屡空,糟糠不厌,而卒蚤夭。天之报施善人,其何如哉?盗跖日杀不辜,肝人之肉,暴戾恣睢,聚党数千人,横行天下,竟以寿终,是遵何德哉?"他列举善人伯夷、叔齐、颜回和恶人盗跖作对比,感叹天道不公,"余甚惑焉,倘所谓天道,是邪非邪?"

一七〇

莫吃卯时酒①,昏昏醉到酉②。莫骂酉时妻,一夜受孤凄。

【注释】

①卯（mǎo）时酒：早晨起来喝的酒。早晨空腹，喝酒容易伤身，所以不建议饮"卯时酒"。古代用"子丑寅卯辰巳午未申酉戌亥"十二地支记时，一个时辰相当于现在两个小时。子时为晚上23点到凌晨1点，其余以此类推。卯时，相当于现在5～7点，此处指早晨。

②酉（yǒu）：相当于现在的17～19点，此处指晚上。

【译文】

不要在早晨喝醉酒，这时喝醉会一直昏昏沉沉到晚上。不要在晚上骂妻子，否则会一夜孤孤单单没人理会。

【点评】

此则讲做事情要"得时"。

做事情要讲究时候，否则就会自受其害。早晨起来正是精力充沛的时候，如果一大早就喝了酒，昏昏沉沉自然无法干好事情。再者，早晨空腹喝酒，也有害身体健康。

夫妻之间出现矛盾，应该心平气和地协商解决，而不是通过打骂的方式来解决。本句中的骂妻现象，是古代大男子主义的一种反映。不仅"酉时"不能骂妻子，其他任何时间都不应该打骂妻子。夫妻之间应当相亲相爱，互尊互敬。现代社会打骂妻子，是家暴，可以诉诸法律。

一七一

种麻得麻，种豆得豆①。

【注释】

①"种麻得麻"二句：原为佛教语，比喻因果报应关系。后比喻做什么样的事就会得到什么样的果。《涅槃经》："种瓜得瓜，种李得李。"

【译文】

种下麻的种子,就会收获麻;种下豆的种子,就会收获豆。

【点评】

此句可从不同角度理解。

一是讲生物遗传。种下什么种子,就会收获什么果实。这是生物遗传的特性所决定的。种错了种子,就无法得到自己想要的果实。

二是讲付出必有收获。只有前期在某一方面的付出,才会后期在某一方面有所收获。不劳而获,是不可能的。我们的时间、精力用在哪里,哪里最终就会有所收获。

三是讲因果关系。这两句也可喻指社会生活中类似的因果关系。《阅微草堂笔记·滦阳消夏录四》有言:"夫种瓜得瓜,种豆得豆,因果之相偿也。"人们常说的"善有善报,恶有恶报"与这两句也有类似之处。行善积德,就会有好的报应;作奸犯科,就会受到应有的惩罚。

一七二

天眼恢恢,疏而不漏①。

【注释】

①"天眼恢恢"二句:《老子》第七十三章:"天之道,不争而善胜,不言而善应,不召而自来,繟然而善谋。天网恢恢,疏而不失。"天眼,喻指天道的力量。恢恢,广大无边的样子。疏,松散。

【译文】

天网广大无边,虽然网孔稀疏,但绝不会遗漏一点事物。

【点评】

此则说天道力量广大,不会遗漏。

古人认为,违法犯罪早晚会受到上天的惩罚,这是古人天命观的体现。今天，人们用法律来惩罚违法犯罪的行为，所以说"法网恢恢，疏而不漏"。这就告诫那些犯了罪又企图逃避制裁的人，不要抱有侥幸心理，应该早日回头，投案自首；同时也告诫所有人不要做坏事，否则会受到惩罚。这两句话对震慑犯罪具有积极的意义。

一七三

见官莫向前，做客莫在后。

【译文】

看到官员不要向前凑，以免惹上是非；去做客时不要往后退，以免让主人为难。

【点评】

此则讲进退得宜。

这两句告诉人们，做事情要知道何事该向前，何事该退后。只有前后进退得当，才能把事情做得恰到好处。

因为封建社会官贵民轻，多数官吏常欺压百姓，百姓对此敢怒不敢言。所以见到官员还是赶紧离开。而到人家做客，应该大大方方，不要畏首畏尾，不然也会让主人家感到为难，因为他们还要想方设法消除客人的拘束心理，使客人有宾至如归的感觉。

一七四

宁添一斗①，莫添一口。

【注释】

①斗：量粮食的器具，这里代指一斗粮。

【译文】

宁愿多添一斗粮,不要多添一口人。

【点评】

此则讲不愿多添人口。

中国古代社会是以农业为主的自给自足的自然经济。农民主要靠天吃饭,粮食经常紧张。多一口人,就多一张吃饭的嘴,家庭生活就会越拮据。所以,人们不愿意多添人口。

这里的"一口",也可作广义的理解,未必是指人,家里增添小狗小猫等小动物,也是"一口"。常言道:"看门狗,家一口。"增添了这样"一口",它的吃喝拉撒等事项也是要人操心的。从避免麻烦的角度,也还是"宁添一斗,莫添一口"。

一七五

螳螂捕蝉,岂知黄雀在后①。

【注释】

①"螳螂(táng láng)捕蝉"二句:《庄子·山木》:"睹一蝉,方得美荫而忘其身;螳螂执翳(yì)而搏之,见得而忘其形;异鹊从而利之,见利而忘其真。"

【译文】

螳螂只顾捕捉眼前的蝉,哪里料到黄雀正在后面准备吃它。

【点评】

此则言思虑不周,顾前不顾后。

螳螂吃蝉,黄雀吃螳螂,这是一条生物链。螳螂只顾眼前的利益想着吃蝉,而没有顾及背后,已经被黄雀盯上了。这个典故在很多典籍中反复出现,比喻人目光短浅,没有远见。汉代刘向在《说苑·正谏》中云："园中有树，其上有蝉。蝉高居悲鸣饮露，不知螳螂在其后也；螳螂委身曲附欲取蝉，而不知黄雀在其傍也；黄雀延颈欲啄螳螂，而不知弹丸在其下也。此三者，皆务欲得其前利，而不顾其后之有患也。"汉代韩婴在《韩诗外传》中说："螳螂方欲食蝉，而不知黄雀在后，举其颈，欲啄而食之也。"这一典故蕴含着深刻的道理，即做事情不能忽视前后左右相关联的事物；不能只看局部，而忽视全局。

一七六

不求金玉重重贵，但愿儿孙个个贤①。

【注释】

①贤：有德行，有才能。

【译文】

不追求家中有很多贵重的金银珠宝，只愿家中的儿孙个个贤能。

【点评】

本则讲重贤能而不重财富。

本则反映了古人的一种家教观，即不看重家中钱财多，而重视后代有德才。家中财富多自然很好，但这些东西毕竟是身外之物，而且未必会给子孙后代带来幸福，甚至可能会贻误他们的发展。若子孙都贤德有才，他们自然可以获得良好的社会地位和物质财富。因此，儿孙贤能比家中财富多更重要。有些富裕的家庭，依仗家境殷实，放纵孩子，结果培养出不肖子孙，把前辈筚路蓝缕积累的财富挥霍一空。可见，良好的家教胜过殷实的家境。

一七七

一日夫妻，百世姻缘①。百世修来同船渡，千世修来共枕眠。

【注释】

①百世：虚指，很多世代。

【译文】

能做一日的夫妻，这是几辈子才修来的缘分。百世的修行，才能获得两个人同船渡河的缘分；千世的修行，才能修来两个人同床共枕的缘分。

【点评】

此句讲珍惜夫妻缘分。

古人认为，男女能够结为夫妻，是前世双方不断修行的结果。夫妻关系是家庭关系的根本。只有夫妻和谐，才能有更好的亲子关系、婆媳关系等等；夫妻和谐关系到家庭幸福、社会稳定，所以应好好经营，使婚姻之树长青。

另一方面，这种珍惜缘分的思想，可以使人与人之相互尊重、彼此关爱，和谐共处，具有一定的积极意义。

一七八

杀人一万，自损三千①。

【注释】

①"杀人一万"二句：《全宋文》夏贵《与伯颜书》："谚云：杀人一万，自损三千。愿勿废国力，攻夺边城，若行在归附，边城焉往？"损，减少。《全宋词》葛长庚《瑞鹤仙》："赋情多懒率。每醉后疏狂，醒来飘忽。无心恋簪绂。漫才高子建，韵欺王勃。胸中绝物。所容者、诗兵酒卒。一两时，调发将来，扫尽闷妖愁孽。莫说。杀人一万，自损三千，到底黾勉。悬河口讷。非夙世，无灵骨。把湖山

牌印,莺花权柄,牒过清风朗月。且束之、高阁休休,这回更不。"

【译文】

杀死一万个敌人,自己这方至少也要损失三千人。

【点评】

此则讲两败俱伤。

杀死万名敌人,看起来取得了很大的胜利,但自己一方也至少损失三千人,也伤亡很大。所以双方都付出了很大的代价。

做任何事情都是有代价的。对于那些损人不利己的事情,最好不要去做。鲁迅先生言:"只有损人而不利己的事,我是反对的。"例如,在公共场合吸烟,不仅损害自己的身体,还影响他人的健康,就属于损人不利己。

《战国策·齐策》中,齐国想要攻打魏国,淳于髡讲了一则韩子卢追逐东郭逡两败俱伤的故事:"韩(子)卢者,天下之疾犬也。东郭逡者,海内之狡兔也。韩(子)卢逐东郭逡,环山者三,腾山者五,兔极于前,犬废于后,犬、兔俱罢,各死其处。田父(见)得之,无劳倦之苦,而擅其功。今齐、魏久相持,以顿其兵,弊其众,臣恐强秦、大楚承其后,有田父之功。'齐王惧,谢将休士也。"淳于髡通过这个故事,意在劝谏齐王不要进攻魏国。如果齐魏交战,士兵劳顿,百姓疲敝,获利的将会是秦国和楚国。

本则还有要止战的意思。如何止战?《孙子兵法·谋略篇》给出了答案:"夫用兵之法,全国为上,破国次之;全军为上,破军次之;全旅为上,破旅次之;全卒为上,破卒次之;全伍为上,破伍次之。是故百战百胜,非善之善也;不战而屈人之兵,善之善者也。"百战百胜,并不是最好的,毕竟一旦战争,双方都要死伤;不用武力而能让对方屈服,才是最理想的。

一七九

伤人一语,利如刀割①。

【注释】

①"伤人之语"二句：《荀子·荣辱篇》："故与人善言,暖于布帛;伤人之言,深于矛戟。"

【译文】

一句伤害人的话,就像用锋利的刀割人一样厉害。

【点评】

本则劝人言语谨慎,不可恶语伤害他人。

有道是："良言一句三冬暖,恶语伤人六月寒"。利刀伤人在身,恶语伤人在心。刀伤三两月可好,心伤可能终生难忘。本书还有两则与此类似："利刀割体痕犹合,恶语伤人恨不消。""善言难为,恶语易施。"因此,说话不可不谨慎,千万不可恶语中伤他人。

一八〇

枯木逢春犹再发①,人无两度再少年。

【注释】

①发：发芽。

【译文】

枯萎的树木遇到春天还能再次发芽,人却不会有两次少年时期。

【点评】

此则劝人珍惜年少时光。

树木经历四季的轮回,可以有几番黄绿,但人生只有一次,具有不可逆转性,过去了也就永远过去了,不可能再回到从前。因此,人应该把握好生命中的每一个阶段。青少年时期,是人长身体、长知识、学本领的最佳时期,应当奋发有为,否则,正如前文所言："少壮不努力,老大徒伤悲。"

一八一

未晚先投宿，鸡鸣早看天①。

【注释】

①"未晚先投宿"二句：《荆钗记》第十五出"分别"："〔老旦〕你未
　晚先投宿，鸡鸣起看天。逢桥须下马，过渡莫争先。古来冤枉事，
　皆在路途间。"

【译文】

趁着天色未晚，就要先找晚上住宿的地方；听到鸡打鸣了，就应该早
起看看天气。

【点评】

此则讲宜早做准备，未雨绸缪。

古人出行，主要靠步行或牛车、马车之类的交通工具。为了安全起
见，在天黑之前及早找到住宿的地方就显得特别重要。古代没有天气预
报，人们靠观察自然天象来判断天气的雨晴，为了早做准备，所以公鸡鸣
叫时就起来看天。这是古人"未雨绸缪"思想的体现。

今天交通便捷，人们也可以随时查阅天气预报，这两句话所说的内
容好像失去了具体指导价值。其实不然，它所揭示的做事应提前准备的
思想，具有长远而积极的意义。《礼记·中庸》说："凡事豫则立，不豫则
废。"凡事能做好准备，有利无害。

一八二

将相顶头堪走马①，公侯肚里好撑船②。

【注释】

①顶头：头顶。也作"额头"。堪：可以，能够。走：跑。

②公侯肚里好撑船：《玉环记》第四出《考试诸儒》："（梨花儿）（丑
　　扮试官末从上）风流试官宽肚皮，渴时吸尽三江水。多少鱼龙藏
　　在里，到晚来肚里相争戏。（末）老爷为何只吃水。（丑）做得清只
　　吃水。（末）怎么吃得这许多，（丑）宰相肚里好撑船。（末）难得
　　三江水都吃在肚子里罢。（丑）不是三江水，怎养得这许多鱼龙。"

【译文】

将军宰相的头顶上可以跑马，王公贵族的肚子里可以撑船。

【点评】

本则讲做人当宽宏大量。

将相的头顶上当然无法跑马，公侯的肚子里也不能撑船。这两句是
说他们气量之大，心胸之广，所谓"有容乃大"。王侯将相，都是承担大
事的人，要想能够担当重任，就必须宽宏大量。如果为人心胸狭窄、小肚
鸡肠，那么就不会有人跟随，而且会惹人反对，是成不了什么大器的。普
通人也应如此，这样才能与人相处更和谐。

娄师德是唐朝大臣，在武则天执政时期曾任宰相。据《新唐书·娄
师德传》，娄师德深沉有度量，有人对他恶言相向，他常以谦逊的方式避
免激化矛盾。同为重臣的狄仁杰很不喜欢娄师德，经常排挤他。武则天
问狄仁杰："你觉得娄师德有知人之明吗？"狄仁杰回答："我曾与娄师德
做过同僚，并不觉得他善于知人。"武则天说："我任用你，就是娄师德推
荐的，从这一点说，他确实知人啊。"就将娄师德的奏章拿给狄仁杰看。
狄仁杰感叹道："娄公真是品德高尚啊。我被他所宽容，竟然还毫不觉
察，我不如他太多了。"娄师德真可谓"公侯肚里好撑船"。

一八三

富人思来年①，贫人思眼前。

【注释】

①思：思量、考虑。

【译文】

富人常考虑明年的事情，穷人只考虑眼前的事情。

【点评】

本则讲眼光的长短。

常言道："思路决定出路。"富贵之人，往往有长远的眼光；而贫穷之人，目光短浅，常常只思考眼前的利益。这就是富人富贵，穷人贫穷的原因之一。

另一方面，富贵之人因为衣食无忧，所以不必考虑眼前的柴米油盐；贫穷之人为生存所困，不得已只能先解决温饱问题。当然，这两句话有些片面，富人不一定思虑长远，穷人不一定只顾眼前，贫富不是眼光长短的根本原因。

一八四

世上若要人情好，赊去物件莫取钱①。

【注释】

①赊（shē）：赊欠。

【译文】

在世上如果要想取得好的人缘，赊给别人的东西就不要收钱。

【点评】

本则讲如何赢得良好的人际关系。

世间人情往来，若要处处通达，就要看破钱财这一关，不与人争小利，这样才容易给人厚道的印象，获得好的人际关系。反之，如果斤斤计较，唯利是图，就容易给人刻薄的感觉，长此以往，则会破坏人际关系。

比如《水浒传》里的宋江,人缘极好。他平时仗义疏财,待人诚恳,总是在别人最需要帮助的时候慷慨解囊,出手相助,不求回报,就像干旱时的及时雨一样。因此,人送外号"及时雨",不管他走到哪里都受人尊敬。

好的人际关系是人生的宝贵财富,但以舍弃钱财换取人情的思想或做法具有很强的功利性,值得反思。这并不是获得好人情的最佳选择。一个人心地善良、乐于助人,自然能够获得好人缘。至于赊给他人东西要不要收钱,需视具体情况而定,人情不是靠金钱所能买到的,而且也要考虑对方的感受。

一八五

死生有命,富贵在天[①]。

【注释】

①"死生有命"二句:《论语·颜渊》:"司马牛忧,曰:'人皆有兄弟,我独亡(无)。'子夏曰:'商闻之矣:死生有命,富贵在天。君子敬而无失,与人恭而有礼。四海之内,皆为兄弟也。君子何患乎无兄弟?'"

【译文】

人的生和死都是命中注定的,富足与高贵与否都是上天安排的。

【点评】

本则是一种宿命论观点。

宿命论宣扬人的吉凶祸福、生死贵贱等一切都是命中注定的,人所能做的就是顺应天命的安排,接受现实的状况。旧社会,统治阶级利用这种天命论来愚弄百姓,让他们安于贫穷和苦难。现在看来,这种观点应该给予抛弃。

人寿命的长短,一方面取决于父母的遗传,一方面取决于后天自己的保养与锻炼。而人的富贵也不能永保长久：生于富贵之家，如果自己不才，照样可以导致败落，成为贫贱之人；生于贫贱之门，如果自己努力，照样可以升至富贵。所以，富贵在我不在天。

一八六

击石原有火，不击乃无烟。人学始知道，不学亦徒然①。

【注释】

①"击石原有火"四句：唐孟郊《劝学》："击石乃有火，不击元无烟。人学始知道，不学非自然。万事须己运，他得非我贤。青春须早为，岂能长少年。"徒然，枉然，白白地。

【译文】

叩击石头就会产生火花，不去叩击连烟也不会产生。学习才会明白道理，不学习有道理也不明白。

【点评】

此则旨在"劝学"。

人非生而知之者。人能够掌握知识、懂得道理，不是天生的，而是后天学习得来的。一个人通过不断学习，逐渐积累起各种知识、明白各种道理，才能更好地立身于世。如果不学习就不明事理，枉来世上走一遭。

一八七

莫笑他人老，终须还到老①。

【注释】

①终须：最终要。

【译文】

不要笑话他人的衰老,自己总有一天也会衰老的。

【点评】

本则旨在尊老。

尊老爱幼是中华民族的传统美德。《孟子·梁惠王》中说:"老吾老,以及人之老;幼吾幼,以及人之幼。"作为年轻人,应尊老敬老;作为老年人,不倚老卖老。如此,年轻人与老年人之间的关系才会更加和谐。

王朔曾质问年轻人:"谁没年轻过,可你们老过吗?"每个人都终将老去,如何优雅地老去,或者如何安享晚年,也是一个很重要的人生话题。

一八八

但能依本分①,终须无烦恼。

【注释】

①但:只要。依:依照,按照。本分:分内的事。

【译文】

只要能够安于本分做事,终究不会有太多烦恼。

【点评】

本则劝人守本分。

做人要安分守己。安分,就是守规矩,做好自己职责范围内的事情,不要做违背良心、违法乱纪之事。守己,就是要保持自身所具有的良好品格,不为外在的诱惑所改变。安分守己,遵纪守法,不胡作非为,就不会因行为不当而添加额外烦恼。唐白居易《咏拙》有言:"以此自安分,虽穷每欣欣。"安分守己,不仅不会有额外烦恼,还可以过得踏实而欣喜。

与"安分"相对应的是"非分"。不要有非分之想,做非分之事。妄想得到本分以外的好处,做出本分以外的非法行为,必然会受到惩罚。

一八九

君子爱财,取之有道①。贞妇爱色,纳之以礼②。

【注释】

①"君子爱财"二句:《五灯会元·洞山晓聪禅师》:"瑞州洞山晓聪
禅师,游方时在云居作灯头,见僧说泗州大圣近在扬州出现。有
设问曰:'既是泗州大圣,为甚么却向扬州出现?'师曰:'君子爱
财,取之以道。'后僧举似莲华峰祥庵主,主大惊曰:'云门儿孙犹
在。'中夜望云居拜之。"道,途径,措施。

②纳之以礼:《礼记训纂》引宋代方性夫曰:"夫妇之道,合则纳之以礼,
不合则出之以义。人伦之际,有所不免也。故先王亦存其辞焉。"

【译文】

君子喜爱钱财,也要通过正当的途径获得。贞妇也爱美貌,应用符
合礼义的方式迎娶。

【点评】

本则讲做事须遵循道与礼。

钱财本身没有好坏之分,区别在于是否为正当途径获得。只有通过
正当、合法的途径获得的钱财,才是符合道义的,才能够用得心安理得。
反之,不择手段,甚至违法乱纪、伤天害理所得,必然会受到谴责与惩罚。
因此,做什么事情都要讲究规矩,不损害道义。

爱美之心,人皆有之。用符合礼义的方式嫁娶,才符合伦理,才会夫
妻和合。

一九〇

善有善报,恶有恶报①。不是不报,日子未到。

【注释】

①"善有善报"二句:《法苑珠林·报谢部》:"故经曰:'行善得善报,行恶得恶报。'"

【译文】

做好事就会有好的回报,做坏事就会有坏的回报。不是不报,而是时候还没有到。

【点评】

此则讲善恶因果报应。

虽然世界上的事未必都会一一报应,而且做善事有时还会得恶报,做恶事者却有善终,但总体上看,这样的事情是极少数的。

有的事情的回应可能当时就能见到,但有些事情一开始时可能还只是量的积累,还没有达到质的变化,当达到质的变化时,相应的反馈也就到来了。《汉书·董仲舒传》说:"积善在身,犹长日加益,而人不知也;积恶在身,犹火之销膏,而人不见也。非明乎情性察乎流俗者,孰能知之?……夫善恶之相从,如景(影)响之应形声也。"

这种善有善报、恶有恶报的思想,虽然是因果报应的旧观念,但是有一定的合理性,它奉劝人们要多做善事,不做坏事,否则迟早会受到惩罚。

一九一

人而无信,不知其可也①。

【注释】

①"人而无信"二句:《论语·为政》:"子曰:'人而无信,不知其可也。大车无辀,小车无轨,其何以行之哉?'"信,讲信用。

【译文】

人若不讲信用,就不知道他还可以做什么事。

【点评】

本则讲"诚信"。

孔子认为，一个人不讲诚信，就像一辆车子没有关键部件一样，就不能灵活行驶了。所以，一个人如果不讲诚信，他在社会上可能寸步难行。

古代有很多精彩的守信故事。《后汉书·独行列传》记载了范式守信的故事。张劭与范式曾同在太学学习，后各自回乡，分手时，范式向张劭提出两年之后要去张劭家拜访，于是两人约定了见面时间。等到约定时间临近，张劭就请母亲杀鸡煮黍，准备接待范式，母亲说："分离两年，又相隔千里，怎么就能确定他一定来呢？"张劭说："范式是有信义的人，必定不会失约。"于是张母听从儿子的意见，准备了酒食，范式果然如期来到，升堂拜母，欢饮而别。后来张劭病逝，范式梦到张劭说自己何时去世、何时下葬，希望范式来见最后一面，范式于是千里奔赴，正好赶上张劭下葬，遂为之操办后事，事情完毕后才离开。在没有手机等便捷通讯工具的古代，范式的守信真是非常难得。

一九二

一人道好^①，千人传实。

【注释】

①道：说。

【译文】

一个人说了一件好的事情，经过上千个人的传播就被认为是真实的了。

【点评】

本则讲从众心理和传播效应。

社会心理学的研究表明，人具有从众心理。从众心理实验研究表明,只有很少的人在实验中保持了独立性,没有从众。一个人对某件事情或某个东西大加称赞,经过众多人的附和传播之后,这件事情也被认为是真实的了。比如一个品牌的东西,经过一位权威人物的广告效应,众人趋之若鹜,这就达到"千人传实"的效果了。这和"一人传虚,百人传实"意义相同。当然,某件东西要经得住考验,最终还得靠自己的实力积累口碑。

从传播学的角度看,传播过程中会有一种放大效应,一传十,十传百,影响面越来越大。传播过程中还有一种扭曲效应,即随着传播范围的扩大,传播内容的真实性也会发生改变。人多嘴杂,可能就会"以讹传讹"。

作为具有主体性的人,面对他人的言辞或者广告传播,要保持独立思考的能力,做到不盲从、不轻信,谨慎辨析、理性判断,这样才能防止自己稀里糊涂地走上从众之路,也防止自己变成那个扭曲事实真相的人。

本则也写作"一人道好,千人传宝",表达的意思大致相同。

一九三

凡事要好,须问三老①。

【注释】

①三老:古代官职名。指掌管教化的乡官。乡、县、郡均先后设置。这里泛指有德行、有声望的老人。

【译文】

一切事情要想办得妥当,必须多请教经验丰富的老人。

【点评】

本则讲遇事问有经验的人。

在农业社会,老年人因为经历的事情多,所以经验丰富。年轻人应多向老年人请教。俗话说:家有一老如有一宝。另一方面,听取老年人的经验也包含了对他们的尊重，这也是一种人情世故。现在是信息时代，年轻人迅速掌握最新的科技信息，出现了年长的人向年轻人学习的情况。有句话说：以前，碰到不懂的事情问爷爷；现在，遇到不懂的事情问孙子。当然，"三人行，必有我师"，互相学习，不懂就问，是一种好习惯。

一九四

若争小可①，便失大道。

【注释】

①小可：细小的、寻常的事物。

【译文】

如果只计较细微的事物，那么就会失去真正的道理。

【点评】

本则教人不过分纠结细微之物，喻指只顾眼前，就会失去长远。

做事如果过度追求细枝末节，就会因小失大。所谓"捡了芝麻，丢了西瓜"就是这个意思。有时，为了谋"大道"，必须舍弃"小可"。

据《典故纪闻》记载，朱元璋攻克采石后，各位将领见到粮食牲口，都想"资取而归"。朱元璋见状，下令把装有粮畜的船的缆绳全都砍断，把船推到急流中飘走了。诸将大惊，朱元璋说："成大事者不规小利，今举军渡江，幸而克捷，当乘胜径取太平。若各取财物以归，再举必难，大事去矣。"于是，他乘胜追击，率领诸军又攻取了太平。朱元璋宁可让粮畜付诸东流，也不耽误夺取天下的大业，实在是成大事之人。

一九五

年年防饥①，夜夜防盗。

【注释】

①饥：饥荒。

【译文】

每年都要预防饥荒，每晚都要提防盗贼。

【点评】

此则讲"防患于未然"。

"防患于未然"，是中国古人的一种重要思想。不能等到饥荒来临了，再去准备；也不能等被盗窃了，再去防贼。做好预防，真正事到临头时，才可有备无患，安然度过危机，最大程度上减少损失。

一九六

学者如禾如稻，不学者如蒿如草①。

【注释】

①"学者如禾如稻"二句：《三字经注解备要》清贺兴思注："学者如禾如稻，不学者如蒿如草。如禾如稻兮，乃国家之津梁，世之大宝。如蒿如草兮，乃耕者憎嫌，问者烦恼。他日面墙，悔之已晚。"蒿（hāo），青蒿，一种野草。草：稗草。

【译文】

爱好学习的人，如同禾稻；不爱学习的人，如同野草。

【点评】

此则旨在劝学。

禾与稻都能够成为有用之物，而蒿与草于人类的用处不大。把这两类事物来比喻学者与不学者，是想劝人要有"向学之心"，成为一个爱好学习的人，最终能够像禾稻一样，成长为对社会、对人类有用的人才。

一九七

遇饮酒时须饮酒，得高歌处且高歌①。

【注释】

①"遇饮酒时须饮酒"二句：元高明《蔡伯喈琵琶记》第二十一出（余文）："光阴迅速如飞电，好良宵可惜渐阑，挤取欢娱歌笑喧。欢娱休问夜如何，此景良宵能几何？（合）遇饮酒时须饮酒，得高歌处且高歌。"得，能。且，还，尚且。

【译文】

遇到需要饮酒的时候，就要开怀畅饮；到了能够高声唱歌的地方，就要放声歌唱。

【点评】

本则劝人该放开时要放开，活在当下，享受生活。

这两句有豁达对待人生的一面，很有《水浒传》里的英雄们大碗喝酒大块吃肉的酣畅之感。当饮即饮，能歌即歌，有时亦是人生的一种快意行为。这种状态在李白诗歌里有淋漓尽致的体现，比如《将进酒》中洋溢着的那种张扬而旺盛的生命力："人生得意须尽欢，莫使金樽空对月。天生我材必有用，千金散尽还复来。烹羊宰牛且为乐，会须一饮三百杯。"李白总是那样奋进激昂，那样自信豁达，且饮且歌，活在当下。

当然，从另一方面，本则也可看成一种及时行乐的消极人生观，暂时的歌酒之后，还要面对现实的生活。

一九八

因风吹火，用力不多①。

【注释】

①"因风吹火"二句：《五灯会元》："问：'如何是无为之句？'师曰：
'宝烛当轩显，红光烁太虚。'问：'如何是临机一句？'师曰：'因风
吹火，用力不多。'问：'素面相呈时如何？'师曰：'拈却盖面帛。'"
因，凭借。

【译文】

借助风势吹火，用得力气很小，火却可以很大。

【点评】

此则讲"借力"。

做事情要学会借力、借势。《荀子·劝学》里说："吾尝终日而思矣，
不如须臾之所学也；吾尝跂而望矣，不如登高之博见也。登高而招，臂非
加长也，而见者远；顺风而呼，声非加疾也，而闻者彰。假舆马者，非利足
也，而致千里；假舟楫者，非能水也，而绝江河。君子生非异也，善假于物
也。"荀子在这里用了一系列比喻，说明君子也并非天赋异禀，只是善于
借助外物罢了。比如《三国演义》中，诸葛亮在蜀国兵力不足的情况下，
善于借势借力，联合东吴制衡曹操。正是因为善于借力，蜀国才得以与
吴、魏形成三国鼎立之势。

"工欲善其事，必先利其器。"学会借助天时、地利、人和，很多事情
就可以"事半功倍"，顺利成功。

一九九

不因渔父引，怎得见波涛①。

【注释】

①"不因渔父引"二句：《古尊宿语录·慈明禅师语录》："师云：'不
因渔父引，焉知水浅深。'僧云：'峻水随流急，云开照碧天。'师

云：'我行荒草里，你又入深村。'僧应诺，云：'官不容针，更借一问，师意如何？'师云：'放你三十棒，三十年后方始知痛痒。'僧舞袖而退。"渔父，捕鱼的老人，渔翁。引，带，领。

【译文】

不经过渔父的指引，怎么能见到大波浪呢。

【点评】

本则讲行家引导的重要性。

对渔父来说，他们不仅是捕鱼方面的专家，也是水性方面的专家，要想看到波涛，请他们指引当然能够达到理想的效果。"隔行如隔山。"有些事情，就应该虚心地向行家请教，听从行家的建议，这样才能得到想要的结果。当然，"师傅领进门，修行在个人"。高人指点迷津之后，重要的还是靠自己的修行。

二〇〇

无求到处人情好①，不饮从他酒价高。

【注释】

①人情好：人缘好。

【译文】

不求人，所到之处都有好的人缘；不喝酒，随便他酒价有多高。

【点评】

本则讲无所欲求的好处。

万事不求人，不给他人添麻烦，当然不会影响人情，自然可以获得人的好感。但人情的好坏并不完全取决于是否有求于人，对于亲近之人，有事时不求助于他，反而会更加生分。好的人情在于真诚交往，以心换心，互帮互助。

"不饮从他酒价高"在一定程度上反映了"事不关己,高高挂起"的思想。这种思想具有一定的狭隘性,没有用联系的思维来看问题。酒价高,看上去与不饮酒的人无关,但它能带动粮价甚至其他物价的高涨,这仍然会间接地影响他人的生活。

二〇一

知事少时烦恼少,识人多处是非多①。

【注释】

①"知事少时烦恼少"二句:《五灯会元·东山齐己禅师》:"知事少时烦恼少,识人多处是非多。"

【译文】

知道的事情少,烦恼也少;认识的人多,是非也多。

【点评】

本则是古人明哲保身思想的反映。

这两句应该从辩证的角度分析。知道的事情少,需要思考的也少,烦恼也少。"眼不见心不烦"大概是这个意思。或者,知道的是非之事少,烦恼也会减少。在这两种意义上,"知事少时烦恼少"是有道理的。但是,知事少也会孤陋寡闻,导致视野狭隘,目光短浅。一个人要想有所成就,必须见多识广,读万卷书,行万里路。如此则可以应付各种场合和复杂事件,由此减少烦恼。

认识的人多,需要协调处理的事情也多,事情处理不好,就会产生是非。然而,另一方面,"朋友多了路好走",识人多,人脉广,即使有是非之事,也可以互帮互助,消灾解难。从这个意义上说,识人多反而是好事。其实,识人的多少与是非的多寡并无必然联系,关键是看一个人怎么处理人际关系。

在生活中,我们总会遇到各种人和事。重要的,不是逃避,而是如何应对。保持积极的心态,逢山开路,遇水搭桥,办法总比困难多。

二〇二

入山不怕伤人虎^①,只怕人情两面刀^②。

【注释】

①入山不怕伤人虎:《五灯会元·诣门慧昭山主》:"杨億侍郎问曰:'入山不畏虎,当路却防人时如何?'师曰:'君子坦荡荡。'"

②两面刀:比喻居心不良,当面一套,背后一套。元李行道《灰阑记》第二折:"岂知他有两面三刀,向夫主厮搬调。"

【译文】

进入深山里不怕有伤害人的老虎,人际交往中就怕遇到险恶的两面三刀。

【点评】

此则讲人心险恶。

俗话说:"明枪易躲,暗箭难防。"老虎虽然凶猛,但毕竟处于明处,靠的还只是尖牙利爪,一看便知,容易防范。而有的人,两面三刀,当面一套,背后一套,用心险恶,手段狡猾,这样的人令人防不胜防,比老虎更可怕。正如《红楼梦》里描述的王熙凤:"嘴甜心苦,两面三刀,上头一脸笑,脚下使绊子,明是一盆火,暗是一把刀。"本书中还有意思大致相同的两句话:"虎生犹可近,人熟不堪亲。"

历史上有不少两面三刀的人,这种人"口中有蜜,腹中有剑"。比如唐朝宰相李林甫,表面上平易近人,对贤能之士也大加赞赏,暗中却对人百般算计。中书侍郎严挺之性格耿直,对口蜜腹剑的李林甫从不客气。李林甫知道后便在皇上面前造谣生事,害得严挺之被贬到洛阳。后来,唐玄宗想把严挺之调回来提拔重用,李林甫从中作梗,假装出谋划策,让严挺之上书说自己患了风疾,请求回京医治。然后,他又对唐玄宗说:"严挺之年事已高,又患风疾,应该给他一个闲职安心养病。"唐玄宗听了这些话,便不再重用严挺之。

二〇三

强中更有强中手,恶人须用恶人磨^①。

【注释】

①"强中更有强中手"二句:元《桃花女》:"强中更有强中手,恶人终被恶人磨。"磨,折磨,对付。

【译文】

强者之中还有更强的人,凶恶的人自然有凶恶的人来对付。

【点评】

本则劝人莫逞强,勿作恶。

常言道:"天外有天,人外有人。"你觉得自己强,总还会有人比你更强。一味逞强,总会被人压下去。所以,做人要低调。

有人作恶多端,以为无人敢还手,殊不知,他总会被更恶的人教训。正常情况下,出现恶人,根本不需要更大的恶人去对付他,社会组织、司法机构会给他相应的惩罚办法。"恶人须用恶人磨",其实反映了古代社会人们的无奈之举。人们追求正义而不得,只能寄希望于恶人之间相互厮杀,以解心头之恨。

大家都很熟悉石崇与国舅王恺斗富的故事。石崇与王恺争豪,石崇故意将王恺家的一棵无比罕见的珊瑚树击碎,然后居然能赔偿王恺六七株同样的珊瑚树。石崇家的财富令人瞠目结舌,但其狂妄也为他埋下了祸根。晋国权臣孙秀早就觊觎石崇的财富,尤其对他的宠妾绿珠垂涎三尺,索要无果,诬陷石崇谋反。石崇最终被诛杀。这也可看作"强中更有强中手,恶人须用恶人磨"吧。

二〇四

会使不在家豪富^①,风流不在着衣多^②。

【注释】

①会使:善于使用财物。

②风流不在着衣多:《五灯会元·道场明辩禅师》:"解夏,上堂:'十五日已前不得去,少林只履无藏处。十五日已后不得住,桂子天香和雨露。正当十五日,又且如何？阿呵呵！风流不在着衣多。'"

【译文】

善于使用财物的人不在于家里有多少财富,风雅洒脱的人不在于穿多少华丽的衣服。

【点评】

本则旨在提倡善用资源,注重内在修养。

"会使"就要有计划有统筹、创造性地使用,能够旧物利用、一物多用。有句话说"资源有限,创意无穷",有限的资源在无穷的创意下,也可以充分发挥其作用。说到底,这则教人要树立正确的财物观,莫要挥霍金钱、浪费财物,科学合理地使用金钱、财物,使钱尽其能,物尽其用。

常言道"人靠衣裳马靠鞍",衣装对人的重要性由此可见。但一个人的风流气质,更多来自内在修养。有人衣服不多,但搭配合理,修饰恰当,也会呈现出潇洒脱俗的气质。所谓"粗缯大布裹生涯,腹有诗书气自华",提升个人修养才是根本与关键。

二〇五

光阴似箭,日月如梭^①。

【注释】

①"光阴似箭"二句:北宋张伯端《悟真篇·赠白龙洞刘道人歌》:
"空玄子曰:'日月如梭,时光似箭。人生七十者稀。寒暑逼人,儿
孙牵情。至于老死,世世皆然。'"光阴似箭,唐韦庄《关河道中》
诗:"但见时光流似箭,岂知天道曲如弓。"梭(suō),织布时往返
牵引纬线的工具,两头尖,中间粗。指时间如梭子一般快速穿过。

【译文】

时间过得像箭飞行一样快,日月交替像织布时的梭子一样飞速来去。

【点评】

本则感叹时间流逝之快。

此则用箭的飞行速度和织布时梭子的快速交替,来比喻时间过得飞
快,表达了对时光流逝的一种感受。

人生有限,而时间飞逝,这两句传达出一种必须抓紧时间的紧迫感。

二〇六

天时不如地利,地利不如人和^①。

【注释】

①"天时不如地利"二句:《孟子·公孙丑下》:"孟子曰:'天时不如
地利,地利不如人和。三里之城,七里之郭,环而攻之而不胜。夫
环而攻之,必有得天时者矣;然而不胜者,是天时不如地利也。城
非不高也,池非不深也,兵革非不坚利也,米粟非不多也;委而去

之,是地利不如人和也。'"天时,时机气候等自然条件。地利,有
利的地理环境和地形条件。人和,人心团结一致。宋朱熹《四书
章句集注·孟子集注》:"天时,谓时日支干、孤虚、王相之属也。
地利,险阻、城池之固也。人和,得民心之和也。"

【译文】

时机气候适宜不如地形有利,地形有利不如人心团结。

【点评】

此则强调"人和"。

"天时不如地利,地利不如人和"的观念在古代深入人心。这句话
揭示了天时、地利、人和三者之间重要性的关系,强调了人心团结的重要
性。人心团结,可以克服天时、地形带来的不利因素;人心涣散,即使得
天时和地利也难以成功。所以,事情成败的关键在人,成功的关键在人
心团结,"人心齐,泰山移。"《荀子·王霸篇》说:"农夫朴力而寡能,则上
不失天时,下不失地利,中得人和,而百事不废。"

当然,"天时""地利""人和"的地位与作用不是一成不变的,在一
定条件下是可以转化的。比如,天灾可以冲掉人勤、地肥的作用,从而毁
掉眼见到手的庄稼。做事的最好状态是"天时""地利""人和"三者的
合一。《孙膑兵法·月战》云:"天时、地利、人和,三者不得,虽胜有殃。"
可是,这样的结合往往很难同时达到,这就需要人充分发挥主观能动性,
充分发挥"人和"的作用,以"人和"来弥补"天时"不时、"地利"不利的
弊端,从而成就大业。

二〇七

黄金未为贵①,安乐值钱多②。

【注释】

①黄金未为贵:黄金不是最贵重的。《全元诗》释梵琦《和出家要清

闲》：“举世重黄金，黄金未为贵。争如无事人，乐道山林里。”

②安乐值钱多：平安、快乐更有价值。《鹤林玉露》乙编"安乐值钱
多"："周益公退休，欲以'安乐直钱多'五字题燕居之室，思之累
日，未得其对。一士友请以'富贵非吾愿'为对，公欣然用之。"安
乐，平安、快乐。

【译文】

黄金并不是最珍贵的东西，人生平安、快乐的价值更大。

【点评】

此则强调平安快乐更重要。

这两句也作"万两黄金不为贵，合家安乐更值钱"。《琵琶记》第二
出《高堂称寿》："（十二时）山青水绿还依旧，叹人生青春难又。惟有快
活是良谋。逢时对景且高歌，须信人生能几何。万两黄金未为贵，一家
安乐值钱多。"在此后的戏曲中多次出现。

黄金虽然昂贵，为世人所看重，但没有健康的身体、良好的情绪，一切
都没有意义。所以，不仅"寸金难买寸光阴"，而且黄金也买不了平安快乐。

二〇八

世上万般皆下品，思量惟有读书高①。

【注释】

①"世上万般皆下品"二句：宋汪洙《神童诗》："天子重英豪，文章
教尔曹。万般皆下品，惟有读书高。"下品，魏晋时期用"九品中
正制"来选拔官员，将官员按上、中、下分为九品，其中"下上、下
中、下下"三个等级称为下品，后泛指事物的最低等级。

【译文】

世上所有行业都是下品，仔细考量只有读书才是最高贵的。

【点评】

本则强调读书的价值。

俗话说："三百六十行，行行出状元。"世间有各行各业，每一种行业都有顶尖人才。为什么偏偏说"惟有读书高"呢？古人要想出人头地，光宗耀祖，最好的途径是做官，而对于普通人而言，做官的重要通道，甚至是唯一的途径，就是饱读诗书考取功名。这在当时的社会背景下有其合理性。

今天，社会分工越来越多样化，人们无需再把做官作为衡量自身价值的标准。现代人读书的目的和意义，以及所体现的价值已经与古代完全不同了。读书是一个人不断自我完善的基本需求，是一个人获得精神成长最重要的途径。正如英国文学家毛姆所言："养成读书的习惯，便是为自己建了一个避难所。"读书，可与世界上所有的智者一起神游，从而获得心灵的共鸣，精神的愉悦。从这个意义上讲，也仍然可以说"思量惟有读书高"。

二〇九

世间好语书说尽，天下名山僧占多①。

【注释】

①天下名山僧占多：元方回《桐江续集·天下夕阳佳诗说》："或谓诗中不合用天下字，近乎时文。老杜诗曰：'天下兵戈满，江边岁月长。'又曰：'阆州城南天下稀。'又曰：'越女天下白，鉴湖五月凉。'又曰：'天下郡国向万城，无有一城无甲兵。'……陆放翁诗曰：'天下不知谁竟是，古来惟有醉差贤。'又曰：'国家科第与风汉，天下英雄惟使君。'又曰：'信哉天下有奇作，久矣名家多异才。'其他用'天下事'与'天下士'者不一。……但恨俗人不具诗眼，则不

识耳。近人常传诗一句曰：'天下名山僧占多。'亦是此意。余不能——详录，姑记诸此，以发一笑。"僧占多，多被僧人占有。

【译文】

人世间的好话书上都说完了，天下的名山多数被寺庙僧人占据了。

【点评】

本则旨在讲美好的事物皆有主人。

清代梁章巨在《楹联三话·庐山道院联》中，写到李道士与众僧争抢一殿所之事，这是江右胡梅心广文给他讲述的："吾乡庐山道院，胜处皆被富僧占为佛寺，只留正中老君殿一所，为李道士住持。郡僧尚百计谋逐，贿嘱官司判毁，道士几无以自存。适安溪李文贞公舟过湖口，道士为公族叔，急奔告求援。公许以到山谒庙，因大书旧联留山中云：'天下名山僧占多，也须留一二奇峰，供吾道友；世间好语书说尽，曾记得五千妙谛，出我宗传。'语既恢奇，书复壮丽，不一日而传遍九江城中。适各官皆来参谒，公曰：'此间道士，吾叔也。供奉此山已久，希君等照拂。'于是僧计阻而殿得存。"这里讲李文贞公通过书写对联，为他的叔叔李道士争取了老君殿这一殿所，打破了僧人的计谋。

二一〇

为善最乐^①，为恶难逃。

【注释】

①为善最乐：行善事最快乐。《后汉书·东平宪王苍传》："日者问东平王处家何等最乐，王言为善最乐，其言甚大，副是要腹矣。今送列侯印十九枚，诸王子年五岁已上能趋拜者，皆令带之。"

【译文】

做好事最能够使人得到快乐，做坏事最终难以逃脱惩罚。

【点评】

此则劝人多做好事，戒做坏事。

做好事，不仅可以得到他人的认可，而且可以使自己的内心获得自我认同，从而充满一种成就感，于是乐从中生。做坏事，终会逃脱不掉惩罚。即使他人不来惩罚，自己内心也会惴惴不安或愧疚不已，这是一种心理惩罚。所以，做人要多做好事，莫做坏事。

<h1 style="text-align:center">二一一</h1>

羊有跪乳之恩①，鸦有反哺之义②。

【注释】

①羊有跪乳之恩：羊羔有跪着喝奶以报答母羊的恩情。《春秋繁露·执贽》："羔有角而不任，设备而不用，类好仁者；执之不鸣，杀之不谛，类死义者；羔食于其母，必跪而受之，类知礼者。故羊之为言犹祥与！故卿以为贽。"跪乳，跪着喝奶。

②鸦有反哺之义：乌鸦有衔食喂母的情义。蜀《李雄书》曰："武皇帝雄泰成三年，白乌赤足来翔。帝以问范贤，贤曰：'乌有反哺之义，必有远人怀惠而来。'果关中流民请降。"反哺，乌雏长大，衔食哺其母。后用以比喻报答父母。

【译文】

羊羔有跪下喝奶的感恩举动，乌鸦有衔食反喂母鸦的情义。

【点评】

本则旨在讲"报亲恩"。

羊羔跪着喝奶，乌鸦反哺母鸦，都是自然现象。作者赋予他们感恩与情义，是以此来教育人们要有感恩之心。连羊羔和乌鸦都能做到感恩父母，难道人就不能做到吗？如果人做不到，岂不是连禽兽都不如了？

二一二

你急他未急，人闲心不闲。

【译文】

你着急他人不着急；人的身体闲下来了，心里却闲不住。

【点评】

前句讲自己事他人难体会，后句讲人心里闲不住。

自己着急上火，是因为事情与自己有关；他人不着急，是因为事不关己。这两句与"自己心里急，他人未知忙"意思相同。

"人闲心不闲"是心里一直不停地思考。这是一种积极的人生状态，和"人老心未老"意思相似，表达了对生命的珍惜。正如曹操在《龟虽寿》中所言："老骥伏枥，志在千里。烈士暮年，壮心不已。"

二一三

隐恶扬善，执其两端①。

【注释】

①"隐恶扬善"二句：《礼记·中庸》："子曰：'舜其大知也与！舜好问而好察迩言，隐恶而扬善，执其两端，用其中于民，其斯以为舜乎！'"隐，抑制。执，控制，掌握。

【译文】

隐藏别人的坏处，宣扬别人的好处，掌握恶与善两个极端，避免过与不及的状态。

【点评】

本则讲要与人为善，采取中庸之道。

这句话来自孔子对舜的评价。孔子说："舜可真是具有大智慧的人啊！他喜欢向人问问题，又善于分析别人话语里的含义。隐藏人家的坏处，宣扬人家的好处，过与不及两端的意见他都掌握，采纳适中的用于民众之中。这就是舜之所以为舜的关键所在吧！"这里讲的即是不偏不倚、无过无不及的中庸之道。要真正做到"中庸"，当然须有非同一般的大智慧，更要有博大的胸襟和宽容的气度。

二一四

妻贤夫祸少①，子孝父心宽②。

【注释】

①妻贤夫祸少：元高明《琵琶记》："是我误你爹，误你娘，误你名为不孝也。做不得妻贤夫祸少。"

②子孝父心宽：元高明《琵琶记》："百愁万苦千生受，妆成这症候。纵然救得目前，怎免得忧与愁？料应不会久。除非是子孝父心宽，方才可救。"

【译文】

妻子贤惠，丈夫遭遇祸患的机会就少；儿子孝顺，父母的心情就舒畅。

【点评】

本则旨在赞美贤妻孝子。

在古代社会，男主外，女主内，丈夫在外面抛头露面的机会多，承担的风险也更大。如果妻子贤惠，对丈夫的生活照顾得周到细致，那么丈夫就会少犯错误、少出祸患。

当今社会，男女平等，夫妻之间相互关爱，同样会减少双方的错误与祸患。做子女的孝顺父母，父母的心意得到顺承，没有后顾之忧，自然心情舒畅。

妻贤子孝是家庭和睦的象征,所谓"家和万事兴"。

二一五

既堕釜甑,反顾何益①。翻覆之水,收之实难②。

【注释】

① "既堕釜(fǔ)甑(zēng)"二句:《后汉书·郭泰传》:"孟敏字叔达,巨鹿杨氏人也。客居太原,荷甑堕地,不顾而去。林宗见而问其意,对曰:'甑已破矣,视之何益。'林宗以此异之,因劝令游学。"堕,掉落。釜,古代的一种锅。甑,古代蒸饭的一种炊具,底部有许多小孔,放在鬲(lì)上蒸食物。反顾,回头看。

② "翻覆之水"二句:即"覆水难收"。这个故事见于《鹖冠子》,晋王嘉《拾遗记》,宋王楙《野客丛书》亦辑此事。姜太公贫困时,妻子马氏不安贫贱而离去。太公封为齐侯后,声名贵显,马氏又要求复婚。太公取水泼地,令她收取,覆水既然不可全收,婚姻既离便不可复合。后常比喻夫妻离而难合,又喻指事既成而无可挽回。

【译文】

既然釜与甑都已落在地上打碎了,回头再看实在没有什么好处。从器皿中翻到地上的水,想收回来实在太难了。

【点评】

本则旨在讲对已成定局之事,不必多虑。

釜与甑已经碎了,过多的留恋已没有多少价值和意义,只会增加懊恼的情绪。与其如此,不如想办法重置新件,一切从头开始才是重要的。

泼出去的水已经落地,损失已难以挽回,结果已是无可奈何,此时只能顺其自然了。

这两句和"成事莫说,覆水难收"意思一致。

二一六

人生知足何时足^①，人老为闲且是闲。

【注释】

①知足：懂得满足。

【译文】

人生应该知足，可什么时候才满足呢？人到老年得到空闲，才是真正的空闲。

【点评】

本则讲为人要知足有闲。

不满足是人生不断追求前进的动力。然而，如果一味不满足，人生就一直充满了压力。因此，适可而止，学会满足，也是一种人生的智慧。遗憾的是，"人心不足蛇吞象"，人性很难得到满足，总是产生更多的追求和新的欲望。苏轼说："长恨此身非我有，何时忘却营营。"只有到了老年，人才会因为身体不支而不得不停止奔波，赋闲在家，这时的闲，才是真正的空闲。

二一七

但有绿杨堪系马，处处有路透长安^①。

【注释】

①"但有绿杨堪系马"二句：《五灯会元·资寿尼妙总禅师》："尼问：'如何是夺人不夺境？'师曰：'野花开满路，遍地是清香。'曰：'如何是夺境不夺人？'师曰：'茫茫宇宙人无数，几个男儿是丈夫？'曰：'如何是人境俱不夺？'师曰：'处处绿杨堪系马，家家门首透

长安。'曰:'如何是人境两俱夺?'师曰:'雪覆芦花,舟横断岸。'
曰:'人境已蒙师指示,向上宗乘事若何?'师便打。"

【译文】

只要有杨树能够拴马,到处都有路通往长安城。

【点评】

本则旨在讲"通达"。

古人远行的主要交通工具是骑马,路上累了要系马休息。长安虽
远,并不可怕,只要能够有地方休养生息,慢慢走,总是能够走到长安的。
这两句与西方谚语"条条大路通罗马"有异曲同工之妙,都是讲道路的
通达。

其实,这两句不仅指道路的通达,更指人心的通达。遇到难事,不钻
牛角尖,换一种思维方式,找到一线生机,则会别有一番天地。

二一八

见者易,学者难。

【译文】

看上去很容易,学起来其实很困难。

【点评】

此则讲"知行"关系。

"见者易"是"知","学者难"是"行"。很多时候,知易行难。俗语
"看起来容易,做起来难""看人挑担不知重",都是讲知易行难的。当然,难
与易是因人而异的,所谓"会者不难,难者不会"。

"见者易,学者难。"这句话告诉人们不要"眼高手低"。"纸上得来
终觉浅,绝知此事要躬行。"要想真正掌握一种技能,还需要刻意练习,
亲力亲为。

"知行"关系是中国传统哲学的重要范畴，《尚书》就有"非知之艰，行之惟艰"之说，《左传》有"非知之实难，将在行之"的论断。到了明代王阳明，更是提出了"知行合一"，即认知和行动要统一。所谓"知是行之始，行是知之成"。

二一九

莫将容易得，便作等闲看^①。

【注释】

①"莫将容易得"二句：明郑若庸《玉玦记》第十三出《设誓》："（外扮庙令吕公上）老汉是这钱塘江口，癸灵神王庙中，一个庙令。俺这癸灵爷爷，灵异无比。临安一郡人民，无不钦奉。老汉在此焚修，托赖神庇，尽可度日。算这钱财也不虚了神贶。只是常行方便，济人利物。正是莫将容易得，便作等闲看。"等闲，寻常，平常。

【译文】

不要把容易得到的，就视作平常之物。

【点评】

此则劝人要学会珍惜那些易得的事物。

有很多事物，因为容易得到或已经拥有，反而不被珍惜了。这是我们在生活中容易犯的一种错误，是人性的弱点。正如人们也常常"贱近贵远"，认为"远来的和尚会念经"，这都是一种偏见。

另一方面，他人看似轻易得到的事物，比如财富、成功等，背后也一定付出了常人难以看见的努力。所谓"台上一分钟，台下十年功"，没有人能随随便便成功。

二二〇

用心计较般般错，退步思量事事宽①。

【注释】

①"用心计较般般错"二句：宋俞文豹《吹剑四录》："著心计较般般错，退步思量事事宽。"计较，较量，争论。思量，考虑。宽，一作"难"。

【译文】

用心打算比较，就觉得事事都做错了；退一步考虑，会发现事事都宽敞了。

【点评】

本则教人莫计较，多宽容。

《尚书·君陈》有言："必有忍，其乃有济；有容，德乃大。"有的人活得累，并不是事物有多差，事情有多难，而是自己用心计较所导致的。事事计较，总能够找到吹毛求疵的理由，就会样样都不顺眼，事事都不顺心。如此活着，岂不太累。

学会转念，不去计较，对人对事宽容以待，即使遇到不顺心的事情，也总能够从中看到息事宁人的机会。如此一来，心情就会大好。"退步思量事事宽"，其实不是事情变宽了，是自己的心宽了。所谓"海纳百川有容乃大，壁立千仞无欲则刚"。

二二一

道路各别，养家一般①。

【注释】

①"道路各别"二句：《金雀记》第十出《守贞》："（末）不请自来，真

为可笑。(小丑)老荥你吃十方的,我吃二十方的。道路各别,养家一般。何故断人咽喉之路,(丑)兄不必如此说。酒肴颇有,任你吃就是。(小丑)此公有趣。四海之内,皆兄弟也。在家不会迎宾客,出外方知少主人。"各别,各有不同。一般,一样。

【译文】

每个人所走的道路各有不同,但养家糊口的目的却是一样的。

【点评】

本则讲持养家庭。

大千世界,人们从事的工作各有不同,赚钱的门道不一,但首先都是为了谋生,让自己和家人过上更好的生活。在这一点上,大家是"殊途同归"。

在某种意义上,这也蕴含着一种职业平等的思想。既然大家都是为了"养家",将心比心,推己及人,彼此不同的行业就可以更加互相理解。

二二二

从俭入奢易,从奢入俭难①。

【注释】

①"从俭入奢(shē)易"二句:宋代司马光《训俭示康》:"公叹曰:'吾今日之俸,虽举家锦衣玉食,何患不能?顾人之常情,由俭入奢易,由奢入俭难。吾今日之俸岂能常有?身岂能常存?一旦异于今日,家人习奢已久,不能顿俭,必致失所。岂若吾居位去位,身在身亡,常如一日乎?'"俭,俭朴。奢,奢侈。

【译文】

从俭朴到奢侈容易,从奢侈到俭朴很难。

【点评】

本则讲俭奢转换关系,旨在戒除奢侈,提倡节俭。

正如司马光所担忧的那样,一个人如果一直生活在俭朴状态中,转入奢侈的生活是容易的;但如果一直生活在奢侈状态中,要过俭朴的日子,就很难适应了。这样的人生就可能有太多俭奢转换带来的悲喜,所以司马光接着感叹道:"大贤之深谋远虑,岂庸人所及哉?"并教诲子孙说:"俭,德之共也;侈,恶之大也。"《邓析子·转辞篇》也有类似的表达:"畏俭则福生,骄奢而祸起。"

节俭朴素,不仅对个人很重要,对一个国家、一个民族来说也至关重要。唐代诗人李商隐有诗云:"历览前贤国与家,成由勤俭破由奢。"勤俭节约是每个人一生需要保持的珍贵品格。

二二三

知音说与知音听①,不是知音莫与弹。

【注释】

①知音:知己,即能赏识自己的人。《列子·汤问》:"伯牙善鼓琴,钟子期善听。伯牙鼓琴,志在高山,钟子期曰:'善哉,峨峨兮若泰山!'志在流水,钟子期曰:'善哉,洋洋兮若江河!'"钟子期能够听懂俞伯牙的高雅音乐,故为知音之交。

【译文】

知音只能弹奏音乐给知音聆听,不是知音就别弹给他听。

【点评】

本则旨在说人要与懂自己的人交流。

这两句话表明了一种交往的态度。人与人之间的交流,一定要找准对象,与自己同频共振的人交流,才能产生认知的和谐、思想的共鸣、情感的共振，即"同声相应，同气相求"。与不懂的人交流，往往费力不讨好，这个时候就是"对牛弹琴白费力"。明冯梦龙在《醒世通言》第一卷《俞伯牙摔琴谢知音》中用过这则谚语："列位看官们，要听者，洗耳而听；不要听者，各随尊便。正是：知音说与知音听，不是知音不与谈。"《淮南子·修务训》有言："钟子期死而伯牙绝弦破琴，知世莫赏也；惠施死而庄子寝说言，见世莫可为语者也。"伯牙和庄子的行为，正是失去知音后的绝望和无奈之举。

不过，从另一方面讲，如果只与知音交流，不与更多的人交往，又怎么知道不会有更多的人成为知音呢？所以，也不要把自己限定在狭小的圈子里，不要给自己设限，保持开放的交往状态，是一种更为包容、积极的生活态度。

二二四

点石化为金①，人心犹未足。

【注释】

①点石化为金：即点石成金，原指一种道家仙术，用手指将石头点化成金子。汉刘向《列仙传》："许逊，南昌人。晋初为旌阳令，点石化金，以足逋赋。"后多比喻修改文字，化腐朽为神奇。也作"点铁成金"。宋黄庭坚《答洪驹父书》："古之为文章者，真能陶冶万物，虽取古人之陈言入于翰墨，如灵丹一粒，点铁成金也。"

【译文】

即使点石成金，人心还是不满足。

【点评】

本则旨在批判人的贪得无厌，教人要学会知足。

贪得无厌是一种恶劣的表现。"人心不足蛇吞象。"有人为了无休止地满足欲望,甚至不惜做违法犯罪的勾当,最终走上不归之路。正如《韩非子·说林下》所言:"人不能自止于足,而亡其富之涯乎!"

看到欲望难填所隐藏的危险,明白欲望无限会带来的灾难,才有可能知止、知足。《老子》:"祸莫大于不知足,咎莫大于欲得,故知足之足常足矣。"《抱朴子外篇·知止》云:"盖知足者,常足也;不知足者,无足也。常足者,福之所赴也;无足者,祸之所钟也。"知足才能有源源不断的福祉,否则只能为灾祸所笼罩。

《增广贤文》有多处谈到"知足"的话题,比如"知足常足,终身不辱。知止常止,终身不耻""人生知足何时足"等等。直到现在,人们的口头禅依然是"知足常乐",可见,知足是一个千古不变的智慧话题。

二二五

信了肚[1],卖了屋。

【注释】

[1]信了肚:听任饮食之欲。信,任意,听任。

【译文】

随意大吃大喝,卖了房屋也满足不了。

【点评】

本则旨在劝人戒大吃大喝。

有人信奉所谓"人生在世,吃穿二字",整天大吃大喝。不加节制的口腹之欲,不仅对身体无益,而且足以导致人们卖掉居住的房屋。大吃大喝之风,小则败坏家庭,大则败坏国家,是应该禁止的。

二二六

他人睨睨[1],不涉你目。他人碌碌[2],不涉你屋。

【注释】

①睍睍（xiàn）：小视貌，形容不敢正视。《新唐书·韩愈传》："刺史虽驽弱，安肯为鳄鱼低首下心，伈伈睍睍，为吏民羞，以偷活于此也？"一作"观花"。涉：涉及，关联。

②碌碌（lù）：形容事务繁杂、辛苦的样子。唐贾岛《古意》："碌碌复碌碌，百年双转毂。"

【译文】

他人偷偷看，无关你的眼。他人做事忙，无关你家屋。

【点评】

本则讲一个人应该专注做好自己的事情。

这两句旨在开导人们，不要在与己无关的事情上多费心思，自寻烦恼。生活中，有人十分在意他人做了什么，在意他人怎么看待自己。过度关注他人，会在盲目追风中迷失自己，在自我妄想中贻误自己。

另一方面，这也是古人明哲保身思想的体现。这种"事不关己，高高挂起"的冷淡态度，也容易导致自我封闭，妨碍基本的人情和正常社交。

二二七

谁人不爱子孙贤，谁人不爱千钟粟。奈五行不是这般题目①。

【注释】

①"谁人不爱子孙贤"三句：《全宋词》晦庵《满江红》："谁不爱，黄金屋。谁不羡，千钟禄。奈五行不是，这般题目。枉费心神空计较，儿孙自有儿孙福。也不须、采药访神仙，惟寡欲。"《鹤林玉露》卷四记载道："此词或传朱熹作，朱熹云非。"千钟粟（sù），意思是粮食满仓。在这里特指官员的俸禄，形容优厚的俸禄。五

行,古代称构成各种物质的五种元素——金、木、水、火、土。古人常以此说明宇宙万物的起源和变化。后人根据对五行的认识,又创造了五行相生相克理论,以五行生克来推算人的命运和吉凶祸福。这里的"五行"即命中注定。

【译文】

谁不喜欢子孙后代贤能出息,谁不希望得到高官厚禄,遗憾的是命中注定不包括这些。

【点评】

本则慨叹对命运和人生的无奈。

子孙孝贤,高官厚禄,功成名就,事事顺遂,是人人都向往的,可并不是每个人都能够得到。求而不得,就成了人生的无奈。

本则中的"奈五行不是这般题目"是宿命论思想的反应。"宿命论"把人生的一切都归为先天注定,无法改变。这种思想观念否定了人的主观能动性,是不正确的。人要正确对待人生的逆境与顺境,发挥主观能动性,要相信"我命由我,不由天。"

二二八

莫把真心空计较,儿孙自有儿孙福^①。

【注释】

①这两句出处同上则。计较,较量,争论。

【译文】

不要用尽心力白白谋划,儿孙有他们自己的福气。

【点评】

本则旨在教人不要过多为子孙操心。

有的人特别爱儿孙,事事为儿孙着想。殊不知,对儿孙太过关注,反而会使儿孙减弱独立生活的能力,给他们带来不良的后果。另一方面,过多的关注对儿孙来说也是一种枷锁。父母学会对儿孙放手,不仅有利于儿孙的成长,也有利于经营好父母自己的生活。

前文"儿孙自有儿孙福,莫为儿孙作马牛"与此意义相同。

二二九

与人不和,劝人养鹅。与人不睦,劝人架屋①。

【注释】

①架屋:建造房子。

【译文】

如果与别人不和气,建议他养一群鹅,就知道争吵的烦恼了。如果与别人不和睦,建议他建造房子,就知道协作的重要了。

【点评】

本则旨在劝人和睦。

"以和为贵"是中华民族的优良传统,也是人生的智慧。然而,有人却不懂这一点,常由于一些小事就与人闹矛盾。如何化解人与人之间的矛盾呢?本则给出了一种解决建议。听听群鹅的争吵声,就能"推鹅及人",明白自己的争吵也是如此聒噪。盖房子是一个大工程,一两个人是很难完成的,往往需要亲戚朋友、街坊邻居的帮忙,依靠众人之力。如果平时与这些人不好好相处,真正遇到盖房子这样的事情,谁会来帮你呢?

二三〇

但行好事,莫问前程①。

【注释】

①"但行好事"二句：唐冯道《天道》："穷达皆由命，何劳发叹声。但知行好事，莫要问前程。"前程，做官或成名的前途。

【译文】

只要多做好事就行了，不要问前程如何。

【点评】

本则劝人一心行善。

行善的人，一心想着为社会做有益的事情，不计较个人的功名利禄。先秦诸子对行善这个问题有诸多论述，比如《荀子·宥坐》说："为善者天报之以福，为不善者天报之以祸。"《太平经》中说："性善之人，天所祐也。"行善的人，即使不主动追求前程，也会得到上天的回报和护佑。

不过，只求付出，不求回报，如果达不到一定境界，也可能会导致人行动消极、精神懈怠，还是辩证地处理付出与回报的关系比较好。

二三一

不交僧道①，便是好人。

【注释】

①僧道：僧人与道士。僧人是佛教徒，道士是道教徒。

【译文】

不与僧人、道士打交道，就是好人。

【点评】

本则旨在教人远离僧道，体现出排斥佛道的明显倾向。

言下之意，僧人、道士没有可交之人，一旦交之，连自己也变成了坏人。这样的理解显然是失之偏颇的，交僧道的未必是坏人，不交僧道的也未必是好人。一个人是不是好人，与他交不交僧道没有必然关系，关键还是在于他个人的修为。

二三二

河狭水急，人急计生^①。

【注释】

①人急计生：人在情急之下会突然想出应变的计谋。元施惠《幽闺记》第七出："粉墙这等高峻，如何跳得过？自古道人急计生，不免攀住这杏花梢，跳将过去。"

【译文】

河道狭窄了，水流自然湍急；人在危急时，就会想出计谋来。

【点评】

本则讲急中生智。

在紧急的情形之下，人的潜藏能力容易被激发，从而生出日常所没有的智慧。这是人在特定情境下的特殊表现。如《杀狗记》第二十九出："河狭水紧，人急计生。奴家为因丈夫背义疏亲，不从劝解，奴施一计。""绝处逢生""置之死地而后生"等说法，都说明了人在紧急情况下，往往会有非凡表现。特殊情况下，出于自我保护的需要和强烈的求生本能，大脑会瞬时高速运转，激发、调动起以往的各种经验和知识储备，以解燃眉之急。

二三三

明知山有虎^①，莫向虎山行。

【注释】

①明知山有虎：元施惠《拜月亭记》第二十二出："呀！你明知山有

虎,偏向虎山行。好好丢下财宝,饶你性命!"

【译文】

明明知道山中有猛虎,就不要再向有猛虎的山上走了。

【点评】

此则讲避险。

既然已经知道山上有了猛虎,有潜在的危险,就不要再往前冲了。这不是胆怯,而是学会自我保护,学会合理避险。正如前文所言:"路逢险处须当避。"如果明知有危险还要前行,则可能会导致致命的危害。合理评估和规避风险,是智慧的做法。

这两句话还有相反的说法:"明知山有虎,偏向虎山行。"若是为了"求赞"的虚荣心作怪,就是傲慢无知的行为;若是为民除害,责任使然,则是英雄行为的体现。当然,即使因为责任而"偏向虎山行",也要学会自我保护。

当然,也有人喜欢冒险,认为事在人为,"无限风光在险峰",偏要征服危险的地方,这也是一种勇气。所以,一句话从不同的角度理解,就会衍生出不同的内涵,给人多角度的启迪。这也是《增广贤文》里的格言警句流传甚广的原因。

二三四

路不行不到,事不为不成①。人不劝不善,钟不打不鸣。

【注释】

①"路不行不到"二句:《荀子·修身》:"道虽迩,不行不至;事虽小,不为不成。"

【译文】

有路不走就到达不了目的地,事情不去做就不可能成功。人不经劝化就不会行善,钟不去敲打就不会鸣响。

【点评】

本则旨在劝人要笃行。

道路虽然很近,但不走也到达不了目的地;事情虽然简单,但不去做也不会成功。"知之者不如行之者"。事在人为,做了不一定能成功,但不做一定不能成功。《说苑·建本》有言:"为者常成,行者常至。"

二三五

无钱方断酒,临老始看经①。

【注释】

①经:佛经一类的书籍。意思是到了老年才开始读诵佛经。

【译文】

没有钱了才戒酒,到了老年才开始读佛经。

【点评】

本则旨在劝人及早行动。

做事要趁早,不要等事情发展到无可挽回的地步才去做。喝酒喝到倾家荡产,再也无钱买酒时才被迫戒酒,已是悔之晚矣。学习也是如此,年轻力壮时,精力充沛,应及时读书以武装自己的头脑,扩展知识结构。

而从另一方面看,无钱时才断酒,也算是浪子回头;临老读经,也是修心养性的好时机。

二三六

点塔七层①,不如暗处一灯。

【注释】

①点塔七层：指点亮七层佛塔的灯。这是佛教徒虔诚的供奉方式。

【译文】

把七层高塔的灯都点亮，不如在黑暗处点亮一盏灯。

【点评】

本则旨在说明把事情做到关键处。

做事情要急人所急，帮人所需，多做雪中送炭、雨中送伞、暗处点灯的事，"济人须济急时无"。平时，人们不需要帮助时，给予他们再多，也没有多大意义。但当人陷入人生困境时，哪怕一声问候，一句安慰，都是非常珍贵的能量。这一句问候和安慰就是暗处的那一盏明灯。

前文"渴时一滴如甘露，醉后添杯不如无"与这两句表达的意思一致。

二三七

万事劝人休瞒昧，举头三尺有神明①。

【注释】

①举头三尺有神明：关于此句出处，也有不同说法。宋王楙在《野客丛书》中认为"举头三尺有神明"是徐铉语，见于《南唐书》。元曾瑞卿《留鞋记》中也有此句："也须知举头三尺有灵神。"元高明《琵琶记》："万事劝人休碌碌，举头三尺有神明。"瞒昧（mán mèi），隐瞒欺骗。神明，神灵。

【译文】

做任何事都不要隐瞒欺骗，头顶上有神灵监视着你。

【点评】

本则旨在劝人慎独。

"举头三尺有神明"是劝人慎独，即使一个人独处时，也不要昧着良心做坏事。不欺人、不自欺。《礼记》中说:"君子戒慎乎其所不睹,恐惧乎其所不闻。莫见乎隐,莫显乎微。故君子慎其独也。"所谓"平生不做亏心事,半夜不怕鬼敲门""若要人不知,除非己莫为"都是这个意思。曾国藩曾引用此句:"若有一人心不诚,举头三尺有神明。"

"慎独"既是个人品行修养的表现,也是遵纪守法的需要。每一个人都应该加强"慎独"的修养。

二三八

但存方寸地,留与子孙耕[①]。

【注释】

①"但存方寸地"二句:此联作者众说纷纭。《宋诗话辑佚·王直方诗话》中记载:"张嘉甫云,余少年见人诵一诗,所谓'但存方寸地,留与子孙耕',不知何人语。元符三年,过毗陵汪迪家,出所藏水部贺公手书,乃知此诗贺所作,世俗以为他人,非也。"又载:"贺天圣中为郎,真宗东封,谒于道左。"罗大经《鹤林玉露》以为这两句为俗语,俞文豹《唾玉集》把它看作贺知章诗,《七修类稿》把这当作宋贺仙翁诗。据考证皆误。但,且、一定。方寸地,方寸大小的土地,指特别小的土地。

【译文】

且要存下方寸大小的土地,留给子孙耕种。

【点评】

本则旨在做事要留有余地,顾及子孙,蕴含了可持续发展的思想。

在农业社会,土地是农民赖以生存的重要资源。在某种意义上,有土地就可以较好地存活下去,没有土地,就可能流离失所,生无着落。《管子·水地》云:"地者,万物之本原,诸生之根菀也。"作为长辈,不要把家产都挥霍掉,至少要给子孙留下哪怕一小块土地,也可以给他们留下生路。这句话也启发人们,做任何事都不要做绝,一定要留有余地,保有空间。事情做绝,不仅祸及自身,而且殃及子孙。

每一代人都不能只考虑自身需要和眼前利益,"不涸泽而渔,不焚林而猎"。特别是对一些不可再生资源的开发与利用,一定要顾及未来发展的需要,为后人留下可资利用的空间。"风物长宜放眼量",只有这样,才能"取之有时,用之有节,则物蓄多"。

二三九

灭却心头火,剔起佛前灯^①。

【注释】

①"灭却心头火"二句:《琵琶记》第三十四出《寺中遗像》:"好人成佛是菩萨,恶人做鬼做罗刹。第一灭却心头火,心头火。第二解开眉间锁,眉间锁。第三点起佛前灯,佛前灯。"心头火,心里的欲望之火。剔(tī),挑、拨。

【译文】

熄灭心里的种种欲火,挑亮神像前的灯光。

【点评】

本则劝人修心养性。

人总会有七情六欲。这些欲望就像熊熊烈焰,令人身心难安。降龙伏虎易,擒制欲望难。不合理的欲望如果不加以调节,人生就难免遭遇各种困厄。如何修心养性呢? 这里给出的方法是"剔起佛前灯",即劝人向佛修行,修炼清静无为之心。

"心头火"也可理解为愠怒、烦恼之心。怒气伤身,如何控制情绪也是人生的一种修行。儒家思想中,修养心性的方法是"格物致知""修身、齐家、治国、平天下"。道家强调"致虚极，守静笃""见素抱朴，少私寡欲"。诸子百家亦各有修心法门，比如《淮南子·原道训》提倡："以恬养性，以漠处神，则入于天门。"《刘子·清神章》有言："恬和养神，则自安于内；清虚栖心，则不诱于外。"这些都大抵不离儒、释、道之说，都为现代人如何修心养性提供了有益参考。

二四〇

惺惺常不足①，懵懵作公卿②。

【注释】

①惺惺（xīng）：聪慧的样子，聪明的人。宋曾布《曾公遗录》："（皇子）虽三岁，未能行，然能语言，极惺惺。"有俗语"惺惺惜惺惺"，意为聪明人爱惜聪明人，比喻志同道合者以及境遇相同的人相互爱惜、同情。如《红楼梦》第八十七回，黛玉看了宝钗寄来的东西，不胜伤感。又想："宝姐姐不寄与别人，单寄与我，也是'惺惺惜惺惺'的意思。"

②懵懵（měng）：昏昧无知，糊里糊涂，不明事理。公卿：三公九卿的简称，泛指朝廷中的高官。

【译文】

聪明人常常意识到自己的不足，糊涂人把自己看作公卿。

【点评】

本则讲人的自知。

聪明人与糊涂者的区别在于有没有自知之明，聪明者自知，糊涂者妄想。聪明人有很强的反省能力，能够意识到自己的不足，然后不断改进，自我完善；而糊涂者不仅不自我反省，反而不知天高地厚，把自己想象得像公卿王侯一样。

　　据《南史·何尚之传》记载,何尚之,字彦德,他改任吏部郎,告假探亲,满朝文武前去送别。回到家中,父亲何叔度问他:"听说你来时,倾朝相送,大概有多少人?"何尚之回答说:"大概有几百人。"何叔度笑笑说:"他们这是送别吏部郎这个官,与你何彦德不相干。"何叔度真是一个明白人,他用这种方式告诉儿子,要区分开他是因为官职爵位,还是因个人才德而被恭送。如果分不清楚这一点,就会糊涂行事,甚至酿成大错。那可真是"懞懞作公卿"了。

二四一

众星朗朗,不如孤月独明①。

【注释】

①"众星朗朗"二句:《淮南子·说林训》:"百星之明,不如一月之光;十牖之开,不如一户之明。"朗朗,明亮的样子。

【译文】

群星闪耀,也比不上一轮月亮的光明多。

【点评】

本则旨在说数量多不如质量高。

　　量与质的问题,一直是人们思考与关注的。群星虽然也有光芒,却比不上一轮满月的光明多,这是自然现象。联系到人类社会,类似的思维还有"千军易得,一将难求",千军容易得到,能够很快组织起来,但领军人物却很少。像韩信那样带兵"多多益善"的将领是可遇不可求的。再如,"不怕千招会,就怕一招绝",也说明普通的千招,不如有效的一招。

　　当然,在突出少而优的同时,也不能否认众星的微光,不能否定千军的作用,不能否决千招的价值。没有这些互相帮衬、协同作战,那些优质者也是凸显不出来的,毕竟"独木不成林""一人不为众"。

二四二

兄弟相害，不如友生^①。

【注释】

①"兄弟相害"二句：《诗经·小雅·常棣》："丧乱既平，既安且宁。虽有兄弟，不如友生。"友生，即朋友。生，为语助词。

【译文】

兄弟之间相互残害，还不如朋友互帮互助。

【点评】

本则劝兄弟和睦，也强调了朋友的交情。

据《毛序》，《常棣》是周公宴会兄弟时歌唱兄弟亲情的诗。全诗共八章。"凡今之人，莫如兄弟"为这一篇的主旨。开篇对急难之时的"兄弟之情"进行了由衷赞叹，接着又对日常生活中"不如友生"的情形发出了感叹，更有对兄弟"和乐且湛"的期望。

兄弟之情，本应相亲相爱，互帮互扶。所谓"打虎亲兄弟，上阵父子兵。"可是，现实中有些兄弟为了一己之利，同室操戈，相残相害。如大家熟悉的"七步诗"的故事。曹丕想加害他的弟弟曹植，令其七步之内作诗，不然就杀掉他。曹植七步成诗曰："煮豆燃豆萁，豆在釜中泣。本是同根生，相煎何太急。"无论是皇室之中，还是平民之间，兄弟残害的事不绝史册。兄弟之情血浓于水，同气连枝，是世上珍贵难得的。朋友之间尚且能够互帮互助，何况兄弟呢？

历史上兄弟友爱的事例也有很多。据《后汉书·姜肱传》记载，东汉的姜肱与弟弟仲海、季江，以孝友著闻，常同被而寝。后世因称其兄弟三人为"三姜"，并用作兄弟情笃的典故。《梁书·韦放传》记载了韦放与兄弟友好之事："放性弘厚笃实，轻财好施，于诸弟尤为雍睦。每将远行及行役初还，常同一室卧起，时称为'三姜'。"

二四三

合理可作^①，小利莫争。

【注释】

①合理：合乎情理的事情。

【译文】

合乎情理的事情可以做，蝇头小利就不要去争了。

【点评】

本则旨在做合理事，莫贪小利。

为人做事，总要有个原则，这个原则就是合乎情理。合情顺理的事情，就可以去做，违背情理的事情，就不要去做。

人生求利是正常的事情，但不是凡利必争。特别是对蝇头小利，更不要执念太深。《庄子·则阳》中有一则寓言：有两个国家，一个叫触氏，位于蜗牛的左角；一个称为蛮氏，位于蜗牛的右角。他们经常为了争夺蜗牛角那么大的地方而打仗，死伤数万。这则形象的寓言比喻为了极小的利益而引起极大的争执，损失惨重。正如白居易在《对酒》中感叹："蜗牛角上争何事，石火光中寄此身。随富随贫且欢乐，不开口笑是痴人。"人生大部分争执都是蜗牛角上的事。世间除了生死，其他都是擦伤。何苦摩拳擦掌，斤斤计较？

二四四

牡丹花好空入目，枣花虽微结实成^①。

【注释】

①"牡丹花好空入目"二句：宋王溥《咏牡丹》："枣花至小能成实，

桑叶虽柔解吐丝。堪笑牡丹如斗大,不成一事又空枝。"

【译文】

牡丹的花虽然美丽却只能供人欣赏,枣树的花虽然很小却能结出有用的果实。

【点评】

这则批判了像牡丹一样华而不实的现象,赞美像枣花一样踏实有用的行为,体现出一种务实精神。

现实生活中,有一些事物表面上华丽,却不能带来实际的效用;有些人善做表面文章,却不能踏实工作,笃行成长。这样的现象都是值得批判的。

而换一个角度看,牡丹花所具有的观赏作用、审美价值,却是枣花所不具备的。"尺有所短,寸有所长"。不同事物有不同的特点和功用,以一种事物的长处否定另一种事物的不足,这种思维方式并不可取。

二四五

欺老莫欺少,欺人心不明①。

【注释】

①不明:不明事理。

【译文】

即便欺负老年人也不要欺负年轻人,只要欺负人就是不明事理。

【点评】

本则旨在明理。

老年人年老体衰,势力不再;年轻人血气方刚,前途无限。有的人抓住这一点,欺负老年人,而不敢欺负年轻人。这是一种错误的观点。

其实,不论老少,任何人都不能被欺负,也不能去欺负别人。人与人之间互敬互爱,才能和谐相处。再者,尊老爱幼是中华民族的优良传统,应该发扬光大。欺老或欺少,是道德不良的表现,是不文明的行为模式,甚至是违法犯罪的,会受到应有的惩罚。不欺人、不自欺应该成为每一个人的行为准则。

二四六

随分耕锄收地利①,他时饱暖谢苍天②。

【注释】

①随分:意思是尽自己所能去做事。分,本分。地利:指收成。

②饱暖:吃饱穿暖。

【译文】

尽力耕种锄地以获得好的收成,等到人吃饱穿暖时不要忘记感谢苍天的保佑。

【点评】

本则旨在说勤劳耕种,不忘感恩。

古代中国是农业社会,人们靠天吃饭,风调雨顺,庄稼丰收,人们就丰衣足食;遇到大旱大涝,风灾虫害,粮食歉收,人们就忍饥挨饿,甚至逃荒要饭。由于认识有限,人们把这一切都归因到苍天那里。遇到灾难时,就向苍天祈求祷告;遇到丰收时,就向苍天表达感谢。当然,丰收主要是因为人们尽力耕种,勤俭持家。

如今,人们已经对自然有了更加科学的认识,不会再把希望全寄托于上天。但这种表达感恩的思想仍然值得传承,对于一切有助于我们成长的力量,都应以感恩之心对待。

二四七

得忍且忍,得耐且耐。不忍不耐,小事成大①。

【注释】

①"得忍且忍"四句：宋陈耆卿《赤城志》："俗语云：'得忍且忍，得戒且戒。不忍不戒，小事成大。'试观今人忿争致讼，以致亡身及亲，破家荡业者，其初亦岂有大故哉？被人少有所击触，则必忿；被人少有所侵凌，则必争。不能忍也，则詈人而人亦詈之，殴人而人亦殴之，讼人而人亦讼之，相怨相仇，各务相胜。"

【译文】

能忍得下就得忍下，能耐得住就要耐住。不忍下不耐住，小事也会变成大事。

【点评】

此则劝人忍耐。

这里的忍耐是一种品格。忍耐不是忍气吞声，也不是逆来顺受。忍耐是一个人通达事理、顾全大局的修养，也是正确处理人际关系，克己容人的表现。

历史上有许多人因能够忍耐而成就大业。勾践能忍耐夫差的凌辱摧残，故能复仇复国。张良能忍耐黄石老人的刁难，故而获得成就大业之秘籍。司马迁能够忍耐宫刑之耻辱，故终撰成《史记》。这样的例子不胜枚举。当然，忍耐也是要讲究分寸，把握原则的。在大是大非面前，不能讲忍耐，而是要"路见不平一声吼，该出手时就出手"。

本书有多处讲"忍耐"的条目，可互相参看。

二四八

相论逞英豪①，家计渐渐退②。

【注释】

①相论：相互攀比，相互争斗。逞（chěng）：逞能，逞强。

②家计:养家之道。

【译文】

彼此之间相互争论,相互逞能,家道就会渐渐衰退下去。

【点评】

本则劝人莫逞能。

人与人之间不要相互攀比,更不要争强斗胜。攀比和逞强,势必会消耗家庭的财力物力等资源,渐渐导致家庭衰败,得不偿失。以淡然的心态看待自己与他人的差距,保持心理平衡,客观行事,量力而为,这样才能做到实事求是。

二四九

贤妇令夫贵,恶妇令夫败①。

【注释】

①"贤妇令夫贵"二句:明曹端《曹端集·夜行烛》:"痴人畏妇,贤女敬夫。贤妇令夫贵,恶妇令夫贱。"

【译文】

贤惠的主妇可以让丈夫富贵,恶劣的主妇则会让丈夫失败。

【点评】

本则旨在赞美贤妇,批评恶妇。

古代社会,男尊女卑,主妇贤惠与否,对丈夫的事业发展有着重要影响。主妇心地善良、通情达理、勤劳能干,对丈夫的事业能够起到很大的助力作用。成功的男人背后都有一位贤内助。《清波杂志》记载,蔡卞的妻子王夫人,知书达礼。朝中有事,蔡卞总是先与妻子商量,然后再拿到朝堂上去处理。当时的朝臣都说:"我们这些人每天遵照蔡卞妻子的意思在做事。"后来,蔡卞被拜为左丞相。他在家中设宴奏乐以示庆贺。乐人们都高声说:"左丞相今日升官,全靠夫人的裙带。"王夫人贤惠助力丈夫高升,是典型的"贤妇令夫贵"的故事。

相反,主妇愚昧混沌,不仅不会帮到丈夫,还会败坏丈夫的事业。

当然,夫妻双方是相互影响,相互成全的。夫妻双方互敬互爱,相互扶持,才能家道兴盛。

二五〇

一人有庆,兆民咸赖①。

【注释】

①"一人有庆"二句:《尚书·吕刑》:"一人有庆,兆民赖之,其宁惟永。"庆,喜庆、福庆,这里指成功。兆(zhào)民,众民,百姓。咸,都,全。赖,依靠。

【译文】

天子优秀有作为,广大民众都可以获得依靠。

【点评】

本则讲杰出人物的作用。

对一个国家而言,国君"领导力"强,奋发有为,那么百姓就会有依靠,国家也才能长治久安。《傅子·安民》中说:"仁人在位,常为天下所归者,无他也,善为天下兴利而已矣。"现在讲的"为官一任,造福一方"等,也都是讲杰出人物的重要性。

当然,如果是"一人得道,鸡犬升天",大搞裙带关系,那就错了。

二五一

人老心未老,身贫志不穷。

【译文】

人的身体衰老了,但心灵不能变老;人在物质上虽然贫穷,但志气不能匮乏。

【点评】

本则旨在鼓励人们自强不息。

身体老去是自然规律,谁也无法抗拒;心理状态却是主观意志,可以自由把握。唐代诗人刘禹锡是个乐天派的模范,他在《酬乐天咏老见示》中说:"莫道桑榆晚,为霞尚满天。"不要说日落时光照桑榆树端已近傍晚,它的霞光余晖依然可以映红满天。年纪大了,仍然可以在力所能及的范围内做些有益的事情。

艰难困苦的环境,更能磨炼一个人的心性意志。不因外在条件而改变自己的志向,更是君子的一种道德操守。正如东汉马援所说:"大丈夫为志,穷当益坚,老当益壮。"《孔子家语·在厄》中也有类似说法:"芝兰生于深林,不以无人而不芳;君子修道立德,不为穷困而败节。"

不论年过半百,还是身处困境,都要保持一颗年轻的心,"永远年轻,永远热泪盈眶"。

二五二

人无千日好,花无百日红①。

【注释】

①"人无千日好"二句:元杨文奎《儿女团圆》楔子:"人无千日好,

花无百日红。早时不算计,过后一场空。"千日好,指一直顺利。
"花无百日红",也见于宋岳珂《玉楮集·紫薇花》:"最怜耐久堪
承露,谁道花无百日红。"

【译文】

人不可能总是一直顺利,花也不可能保持百日鲜红。

【点评】

本则喻指人生不会总是一帆风顺,事情是发展变化的。

有花开必有花落,这是自然规律。人生也一样,有起有伏,有高有
低,不会总是心想事成。这也是古人忧患意识的体现。"人无千日好",
所以在鼎盛的时候要知足知止,懂得退步。"花无百日红",所以也要"花
开堪折直须折,莫待无花空折枝"。

二五三

杀人可恕,情理难容①。

【注释】

①"杀人可恕(shù)"二句:《五灯会元》:"问:'如何是道?'师曰:
'放汝三十棒。'曰:'为甚么如此?'师曰:'杀人可恕,无礼难
容。'"恕,饶恕、宽恕。

【译文】

即使杀人的缘由可以宽恕,也天理难容。

【点评】

本则表达杀人是无法容忍之事。

无论是什么样的理由,比如大义灭亲、过失杀人等情况,都不能成为
杀人的借口。杀人是一种刑事犯罪,在情理上是绝对不容许的,对杀人
者必须给予严惩。《水浒传》中,陆虞候火烧草料场要害林冲,被林冲发

现,林冲用刀逼着陆虞候的脸喝道:"泼贼,我自来又和你无甚么冤仇,你如何这等害我? 正是杀人可恕,情理难容。"

当然,对于犯罪分子或反社会人格的人,特警或狙击手正当执法,属于正义行为,不属于这两句话所讨论的范围。

二五四

乍富不知新受用①,乍贫难改旧家风②。

【注释】

①乍(zhà):刚刚,突然。受用:享受,使用。

②家风:指家庭或家族世代相传的生活方式和作风。

【译文】

刚刚富裕起来,还不知道如何享用;突然贫穷下来,还难以改变过去奢华的生活方式。

【点评】

本则说旧习难改。

人们生活方式、生活习惯的转变是有一个过程的。生活条件、生活环境突然变化,人们往往一下子难以适应。在贫穷的环境中生活久了,突然富裕起来,因为未曾享受过奢华的生活,仍然会保持原来的生活习惯,不知道如何享受。反之,从富裕的生活突然转变到贫穷的生活,早已习惯大手大脚的人,也一下难以适应,即"由奢入俭难"。这两句暗含了一种对生活的无奈。

二五五

座上客常满,杯中酒不空①。

【注释】

①"座上客常满"二句:《后汉书·孔融传》:"岁余,复拜太中大夫。性宽容少忌,好士,喜诱益后进。及退闲职,宾客日盈其门。常叹曰:'坐上客恒满,尊中酒不空,吾无忧矣。'"

【译文】

家里经常宾客满座,杯中的美酒从来不空。

【点评】

本则讲为人处世所达到的一种理想状态。

这两句源自孔融的人生感慨。宾客满座,说明人缘好人脉广;酒杯不空,说明物质富足。如此则人生何忧?为什么孔融会在"退闲职"以后反而"宾客日盈其门"呢?这与他"性宽容少忌,好士,喜诱益后进"的性格品质密切相关。《后汉书·孔融传》叙述了孔融特别善于发现别人的优点,所以深受众人的信服:"融闻人之善,若出诸己,言有可采,必演而成之,面告其短,而退称所长,荐达贤士,多所奖进,知而未言,以为己过,故海内英俊皆信服之。"可见,这是他人品的力量,是他热心助人的回报,这才是值得我们关注的重点。

这两句话在后世很多文学作品中频频出现,如《醒世恒言·卢太学诗酒傲王侯》中说:"凡朋友去相访,必留连尽醉方止。因此四方慕名来者,络绎不绝。真个是:座上客常满,樽中酒不空。"《儿女英雄传》中云:"人无千日好,花无百日红。保不住杯中酒不空,又怎能保得住座上客常满?"

二五六

屋漏更遭连夜雨,行船又被打头风①。

【注释】

①"屋漏更遭连夜雨"二句:元高明《琵琶记》第二十三出《代尝汤

药》："屋漏更遭连夜雨。船迟又被打头风。奴家自从婆婆死后。万千狼狈。谁知公公病又将危。如今赎得些药。已煎在此。不免再安排一口粥汤。"屋漏更遭连夜雨,比喻连续发生变故,不幸的遭遇更加恶化。连夜雨,形容阴雨连绵。打头风,迎头大风,逆风。

【译文】

房屋本来就漏,又遭遇上连夜大雨;行船本来就难,又遇到了迎头大风。

【点评】

本则描述了一种艰难的处境。

常言道："福无双至,祸不单行。"人生不如意事十有八九。当主观和客观的不利因素恰巧碰到一起时,就难上加难了。杜甫在《茅屋为秋风所破歌》里就描写了"屋漏更遭连夜雨"的场景："布衾多年冷似铁,娇儿恶卧踏里裂。床头屋漏无干处,雨脚如麻未断绝。自经丧乱少睡眠,长夜沾湿何由彻!"冷秋之夜,娇儿恶卧,还有阴雨连绵,这滋味真是一言难尽。这是人生的至暗时刻,是对自我的挑战和考验。此时身心一定压力倍增,拥抱黑暗,调整心态、勇敢面对,在绝望中找到突破口,相信一定能"山重水复疑无路,柳暗花明又一村"。

二五七

笋因落箨方成竹①,鱼为奔波始化龙。

【注释】

①箨(tuò):竹笋一层一层的外皮。

【译文】

笋因为外皮脱落才成长为竹子,鱼只有长途奔波才可以变成龙。

【点评】

本则说明历经磨难方得成功。

竹笋要经历不断掉皮、自我更新，才能高耸入云，长成参天之竹。传说，鱼必须长途跋涉，跳过龙门，才会变成龙。落箨和奔波的过程都是痛苦的，就像破茧成蝶，要经历脱胎换骨的成长和蜕变。

当然，并非所有的落箨之笋都会长成参天之竹，有些会悄悄萎缩，但要想成为参天之竹，必然要经历痛苦的磨砺。也并非所有经历风浪洗礼的鱼都会变化成龙，有的可能会葬送在大海之中，但如果不尝试，就永远无法成功。所以，这两句充满一种不止不息、积极向上的力量。

二五八

记得少年骑竹马①，看看又是白头翁②。

【注释】

①竹马：儿童放在胯下当马骑的竹竿。《后汉书·郭伋传》："始至行部，到西河美稷，有童儿数百，各骑竹马，道次迎拜。"此处指儿童小时候玩耍的场景。如唐李白在《长干行》中有言："郎骑竹马来，绕床弄青梅。同居长干里，两小无嫌猜。"

②白头翁：指白发苍苍的老人。唐王昌龄《题霸池》其二："借问白头翁，垂纶几年也？"

【译文】

还记得小时候一起骑竹马的情景，转眼间再看都已是白发老翁了。

【点评】

此则感叹时光易逝，人生易老。

小时候玩耍的情景仍然历历在目，可时光流逝，不知不觉中，人已老去，小时的伙伴皆已满头白发。此时此景，令人感叹逝者如斯。人生不可逆，岁月不可追。唐杜甫在《赠卫八处士》一诗中也表达了对时光飞逝、物是人非的感叹："人生不相见，动如参与商。今夕复何夕，共此灯烛光。少壮能几时,鬓发各已苍。访旧半为鬼,惊呼热中肠。"其中,"少壮能几时,鬓发各已苍"与这两句遥相照应。这种人生苦短、时光易逝的情感特别容易引发人的共鸣。

二五九

礼义生于富足,盗贼出于贫穷^①。

【注释】

①"礼义生于富足"二句:汉王符《潜夫论·爱日》:"是故礼义生于富足,盗窃起于贫穷,富足生于宽暇,贫穷起于无日。"

【译文】

礼法和道义从富足的生活中产生,抢劫偷窃的行为则由于生活贫穷而引起。

【点评】

本则揭示贫富与行为的关系。

物质文明是精神文明产生与发展的依据,人们首先要解决基本的物质生活需要,然后才可能讲究礼仪道德,建设精神文明。《管子》说:"仓廪实而知礼节,衣食足而知荣辱。"要想百姓都懂得礼节,重视礼义,不做盗贼,就要把国家治理好了,让大家粮米满仓,衣食充足。

当然,仅以物质生活的贫困与否来推论人品的好坏,难免会陷于片面。正直的人,即使生活贫穷,也不会去盗窃;相反,贪婪的人,即使生活富足,也会侵占他人利益。

二六〇

天上众星皆拱北^①,世间无水不朝东^②。

【注释】

①众星皆拱（gǒng）北：众星环绕着北辰星。旧指有德的国君在位，就能得到天下臣民的拥戴。《论语·为政》："子曰：'为政以德，譬如北辰，居其所而众星拱之。'"拱，环绕。北，指北极星。

②无水不朝东：没有水不是向东流的。元李好古《张生煮海》第一折："（金盏儿）家住在碧云空，绿波中，有披鳞带角相随从，深居富贵水晶宫。我便是海中龙氏女，胜似那天上许飞琼。岂不知众星皆拱北，无水不朝东？"

【译文】

天上的星星都环绕着北极星旋转，世间的水都向东边流去。

【点评】

本则指世间万物都有自己的规律，不是人力能改变的。

北极星，也称北辰。古人通过观察，认为天上星星有一个中心，就是北极星，从而把北极星视为最尊贵的星，是天的中心。北极星不动，众星都围绕它而运转。中国的地势是西高东低，所以众多河流，总体上都是发源于西部向东流入大海。

其实，这两句话虽然表面上说的是自然现象，却在说万物皆有自己的规律和节奏。

二六一

君子安贫，达人知命①。

【注释】

①"君子安贫"二句：唐王勃《滕王阁序》："所赖君子安贫，达人知命。"君子安贫：一作"君子安平"。

【译文】

君子安分守己于贫困之中,通达之人知晓天命。

【点评】

本则教人安分守己,达观知命。

安贫乐道,是古代读书人的一种追求。"一箪食,一瓢饮,在陋巷"而不改其乐的颜回,已成为出色代表。这些读书人洁身自好,虽然生活清苦,却也乐在其中。战国时齐国的黔娄也是这样的人。黔娄无意仕进,屡次辞去诸侯聘请,安贫守贱。黔娄死后,曾子前去吊丧,黔娄之妻称赞黔娄:"甘天下之淡味,安天下之卑位,不戚戚于贫贱,不汲汲于富贵。求仁而得仁,求义而得义。"陶渊明在《五柳先生传》中也描写了一位同道中人——五柳先生:"环堵萧然,不蔽风日;短褐穿结,箪瓢屡空,晏如也。尝著文章自娱,颇示己志。忘怀得失,以此自终。"并以黔娄之妻的"不戚戚于贫贱,不汲汲于富贵"赞美他。

其实,在今天看来,如果安于贫穷的现状而不求改变,则是不思进取的表现了。

"达人知命"描述了通达之人的一种人生境界。在古代语境中,"知命"带有宿命论的色彩,这其实是一种消极的表现。一个通达的人能够通晓自然规律和社会规律,能够按照规律积极面对生活中的各种情况,这才是积极的行为方式。

二六二

忠言逆耳利于行,良药苦口利于病①。

【注释】

①"忠言逆耳利于行(xíng)"二句:《韩非子·外储说左上》:"夫良药苦于口,而智者劝而饮之,知其入而已己疾也。忠言拂于耳,而

明主听之,知其可以致功也。"最早成型于《孔子家语·六本》:"孔子曰:'良药苦于口而利于病,忠言逆于耳而利于行。汤、武以谔谔而昌,桀、纣以唯唯而亡。君无争臣,父无争子,兄无争弟,士无争友,无其过者,未之有也。'"逆,违反,不顺。良药,也作"毒药"。《汉书·淮南衡山济北王传》:"毒药苦口利病,忠言逆耳利行。"

【译文】

忠言虽然不好听,却有益于行动;良药虽然喝起来苦口,却有利于治病。

【点评】

本则揭示要善于听取他人的意见。

良药苦口,忠言逆耳,但只有接受这些虽然暂时令人不悦、却对人有长期好处的事物,才能有益于人生。楚汉相争时,刘邦率军进入咸阳后,被阿房宫中的美色珍玩吸引,忘乎所以,准备留在秦宫里玩个尽兴。他的连襟兄弟樊哙劝他,他也置若罔闻。张良入宫直谏:"今始入秦,即安其乐,此所谓'助桀为虐'。且'忠言逆耳利于行,毒药苦口利于病',愿沛公听樊哙言。"刘邦这才离了秦宫,到咸阳郊外的霸上驻扎,不许扰民。唐太宗李世民也是因为善于纳谏,能听进逆耳的忠言,所以开创了中国历史上的太平盛世。如果只听顺耳的话,那么就会无意之间聚集一群溜须拍马之徒、阿谀奉承之辈,久而久之终会受其所害。闻过则喜,知错就改。这样才能更好地自我成长,成就未来。

二六三

顺天者存,逆天者亡①。

【注释】

①"顺天者存"二句:《孟子·离娄上》:"孟子曰:'天下有道,小德役

大德,小贤役大贤;天下无道,小役大,弱役强。斯二者,天也。顺天者存,逆天者亡。'"顺,顺应。天,天道,自然法则、规律。逆,违背。这两句也作"顺天者昌,逆天者亡"。

【译文】

顺应天道者就生存下来,违背天道的就必然灭亡。

【点评】

本则强调应遵循天道办事。

天道在这里指自然法则和事物发展的客观规律。事物的发展与消亡都是有规律的,那些顺应时代潮流、符合民意、顺应事物发展方向的就能很好地发展起来,反之则会被时代所抛弃、被人民所唾弃。

遵循规律做事情才是取得成功的关键,违反规律做事情必然走向失败。

二六四

人为财死,鸟为食亡[①]。

【注释】

①"人为财死"二句:《梦笔生花·杭州俗语杂对》:"兵来将挡,水来土掩;人为财死,鸟为食亡。"鸟为食亡,鸟因为食物而死亡。《吴越春秋·勾践阴谋传》:"大夫种曰:'臣闻高飞之鸟,死于美食。'"

【译文】

人为谋取钱财而死,鸟为寻找食物而亡。

【点评】

本则言人与鸟为了生存而竭尽全力,甚至牺牲生命。

鸟为生存争夺食物,是自然法则。人类为了谋生,获得必要的钱财是可取的,但在能够解决生存的情况下,不择手段又永无止境地攫取钱财,则会招致灾难,甚至死亡。

人应该做钱财的主人,不能做钱财的奴隶,更不能做钱财的殉葬品。"君子爱财,取之有道",以正当的途径获取钱财才是可取的,才不会招致杀身之祸。

二六五

夫妻相好合,琴瑟与笙簧①。

【注释】

①"夫妻相好合"二句:《诗经·小雅·常棣》:"妻子好合,如鼓瑟琴。"瑟(sè)琴:指琴与瑟两种弦乐器。也用以比喻夫妻感情和谐或兄弟、朋友的融洽情谊。《诗经·周南·关雎》:"窈窕淑女,琴瑟友之。"笙簧(shēng huáng):指管乐器笙的簧片。代指奏乐,乐声,

【译文】

夫妻之间和和美美,就像琴瑟与笙簧一样音韵和谐。

【点评】

本则旨在夫妻和合。

和谐的夫妻关系是个人幸福的保障,也是家庭和谐、社会稳定的力量。夫妻恩爱和合,需要双方互敬互爱、互让互谅,有事同商,有难同当。

《后汉书·梁鸿传》就记载了汉时梁鸿与妻子孟光"举案齐眉"的故事。每当丈夫回家时,妻子孟光就托着放有饭菜的盘子,恭敬地送到丈夫面前。为了表示对丈夫的尊敬,孟光不仰视丈夫的脸,而是把盘子托得跟眉毛齐平,丈夫也总是礼貌地用双手接过盘子。后来,"举案齐眉"就成为赞美夫妻和合、婚姻美满的专用词。

二六六

有儿贫不久，无子富不长。

【译文】

有了儿子，贫穷就不会长久；没有儿子，富裕就不会长久。

【点评】

本则言男孩的重要性。

古代重男轻女思想盛行，所谓"不孝有三，无后为大"，其中的"后"即指儿子。"有儿贫不久"，从农业时代的实际情形看，有了儿子就有了劳动力，可以创造更多财富，所以"贫不久"。"无子富不长"也是这个道理。没有儿子就没有劳动力，从财富传承的角度，也会因无人继承而不能使财富得到长久地持有。"有子万事足，无官一身轻。"古代甚至当今，很多人一定要生个儿子方才罢休，正是子承父业传统观念的体现。

今天，男女平等，生男生女都一样，人们不会过分依赖子女，家庭财富的传承与有没有儿子没有直接关系。有的人甚至把身后财富捐献给慈善机构，财富传承观念与行为都已今非昔比。

二六七

善必寿老，恶必早亡。

【译文】

做善事必然健康长寿，做恶事必然早日死亡。

【点评】

本则探讨善恶与寿命的关系。

多做善事，助人为乐，自己也会身心愉悦，自然有益身心健康。做恶事的人,心怀鬼胎,惴惴不安,自然影响身心健康。从这个角度看,这两句是有一定道理的。然而,做善事的人也可能会因意外而早亡,做恶事的人也未必会遭受报应,俗语所说的"好人无长寿,歹人活不够"就反映了这一点。

虽然人的善恶与死亡没有必然的关系,但善恶对身心的影响还是存在的。"诸恶莫作,诸善奉行"应该成为做人的一贯行为。如果确实作恶多端,最终招致他人报复,或者触犯死刑,那就真的是"恶必早亡"了。

二六八

爽口食多偏作病,快心事过恐生殃①。

【注释】

①"爽口食多偏作病"二句:宋邵雍《伊川击壤集·仁者吟》:"爽口物多须作疾,快心事过必为殃。与其病后能求药,不若病前能自防。"爽口,清爽可口。殃(yāng),灾殃,灾祸。

【译文】

爽口的美味吃的多了反而会生病,高兴的事过了头恐怕要生出祸殃来。

【点评】

本则讲凡事适度,过则生祸。

"爽口食多偏作病"讲的是身体养生。爽口的美味虽然好吃,但吃多了容易积食或消化不良,反而令人生病。吃得过饱是养生大忌,如谚语"要想小儿安,三分饥与寒""吃饭要吃八分饱"讲的都是这个道理。

"快心事过恐生殃"即乐极生悲。遇到开心的事,高兴是人之常情,但过分高兴就会伤神害情,不利于身体健康。中医认为,"过喜伤心,过悲伤肺,过怒伤肝,忧思伤脾,惊恐伤肾。"如果再做出些过分的行为,反而会招惹不必要的麻烦,甚至灾难。比如《儒林外史》中范进中举的故事,就是快心事太过反而生出祸殃的例子。范进未中举前,被丈人胡屠户看不起,经常被骂得狗血喷头,当得知中了举人之后,"范进不看便罢,看了一遍,又念一遍,自己把两手拍了一下,笑了一声,道:'噫!好了!我中了!'说着,往后一交跌到,牙关咬紧,不省人事。"中举是"快心事",范进高兴过了头,反而生出疯癫来,造成了灾殃。

二六九

富贵定要安本分,贫穷不必枉思量①。

【注释】

①枉(wǎng)思量:胡思乱想。

【译文】

致富达贵一定要安守本分,身处贫穷不要有非分之想。

【点评】

本则旨在教人安守本分。

做人要安守本分,做事要遵循规矩。"君子爱财,取之有道"就是求富贵者安守本分的表现。

身处贫穷境地的人,也不要因急于摆脱贫困而有非分之想、非法之为。有的人因自身贫穷而起盗窃之心,行抢劫之事,这就是"枉思量""胆大妄为"了。摆脱贫穷困境还得靠自己的不懈努力,依法合理地取得改变。

二七〇

画水无风空作浪①,绣花虽好不闻香。

【注释】

①风：一作"鱼"。

【译文】

画中的水波涛滚滚，但听不见风浪声；绣的花虽然好看，却无法闻到香味。

【点评】

本则说空而无用，或美中不足。

反对空而无用，追求实用，对做事而言十分重要。不搞花架子，不徒有虚名，讲实际，务实效，才能做好事情。从务实角度看，本则与"牡丹花好空入目，枣花虽小结实成"的观点相类似。换个角度，本则也可看作对美中不足的感叹。

另一方面，"画水""绣花"的目的本不在实用，而在于审美，以实用否定审美，这种看法也是不可取的。

二七一

贪他一斗米，失却半年粮①。争他一脚豚②，反失一肘羊。

【注释】

①"贪他一斗米"二句：南唐释静、释筠《祖堂集·南唐和尚》："保福代云：'和尚贪他一斗米，失却半年粮。'"

②一脚豚（tún）：一个猪蹄。豚，小猪，亦泛指猪。

【译文】

贪图他人一斗米，反而失去了半年的粮食；争了别人的一个猪蹄，反而失掉了一个羊肘子。

【点评】

本则告诫莫贪小失大。

爱贪小便宜,是人性的弱点。有些人遇事多算计,以占他人便宜为乐,结果因小失大。俗语中的"捡了芝麻,丢了西瓜",就是对贪小失大的通俗反映。

贪小便宜的人,往往会铸成人生大错。很多骗子就是利用人们爱占小便宜的心理行骗。谨记"贪小便宜吃大亏,不图便宜不上当",才可能避免贪小失大。

二七二

龙归晚洞云犹湿,麝过青山草木香①。

【注释】

①麝（shè）：又称香獐,哺乳动物,体形像牛而稍小,皮下有腺体,分泌物有特殊气味,名麝香。谚语云："有麝自然香,何须迎风扬。"

【译文】

龙晚上归洞时所过之处云彩都是湿润的,麝走过山地连草木也带有香味。

【点评】

本则说附带影响。

《荀子》云："蛟龙生焉,风雨兴焉。"传说龙潜于深渊,乘风云而行,乃兴雨之物,下完了雨,龙离开了,云却还是湿着。麝因为带有麝香,所过之处也留有香味。这两者都表明了一物对其他事物的附带影响。

类推到人类社会,世界都是联系在一起的,人类是一个命运共同体,一个人的高尚行为能给众人带来好处与利益。

二七三

平生只会量人短，何不回头把自量。

【译文】

一辈子只会议论他人的短处，为什么不反思一下自己身上的缺点呢？

【点评】

本则讽刺只看到别人的缺点而不知反省的人，教人自省。

做人要常思己过，莫论人非，就像曾子那样："吾日三省吾身：'为人谋而不忠乎？与朋友交而不信乎？传不习乎？'"经常对自己的言行进行反思，这样才能不断自我成长；以"责人之心责己，恕己之心恕人"，这样人与人的关系才能更融洽。

一个人如果只知揭人短处，而不自我反思，就会反受其害。据史书记载，孔子向老子问礼，离开时，老子送他说："现在的读书人，聪慧明察，看问题很深刻，然而却丢了性命，这是因为好讥讽议论别人。学识渊博，能言善辩，却处于危险境地，这是因为他好揭发别人的隐私和短处。"老子的话说明，好讥讽议论他人、揭发他人隐私和短处，最终自己会深受其害。

二七四

见善如不及，见恶如探汤①。

【注释】

① "见善如不及"二句：《论语·季氏》："子曰：'见善如不及，见不善如探汤。吾见其人矣，吾闻其语矣。'"汤，开水，热水。

【译文】

看到好的事情要仿效学习,唯恐自己跟不上;看见坏的事情要避之唯恐不及,就像把手伸进开水一样。

【点评】

本则劝人就善避恶。

做人要是非清楚,善恶明晰,爱憎分明。看到好人好事,就要见贤思齐,虚心学习,这就是"就善"。遇到恶人坏事,就要反思自己,绝不碰触邪恶,这就是"避恶"。

"见恶如探汤",一种理解是遇到恶人恶事就赶紧躲避。对于没有能力与坏人恶事做斗争的小孩子,这是十分必要的。作为一个成年人,遇到恶人恶事应该见义勇为,同坏人恶事斗智斗勇,弘扬社会正气,打击歪风邪气。

二七五

人贫志短,马瘦毛长①。

【注释】

①"人贫志短"二句:《五灯会元》第十九卷:"问:'祖意教意,是同是别?'师曰:'人贫志短,马瘦毛长。'"

【译文】

人贫穷了,志向就短缺了;马变瘦了,毛就显得长了。

【点评】

本则感叹困境对人的影响。

人的志向与现实处境有关系,但并非因果关系。人穷并不一定志短。古往今来,穷且益坚者不胜枚举。

正确对待人生的困境,可以磨砺意志,激发斗志。北宋哲学家张载

《西铭》中有一句话:"富贵福泽,将厚吾之生也;贫贱忧戚,庸玉汝于成也。""艰难困苦,玉汝于成",说的也是这个道理。

二七六

自己心里急,他人未知忙。

【译文】

自己的事自己心里着急,别人不会因你急而忙乱。

【点评】

本则说遇事难求他人相助。

自己的事情,因与他人无关,他人自然不会为之着急。这本无可厚非。

这两句话在一定程度上是对人际交往客观现实的一种反映。如果想寻求帮助,就要及时求助。求对人,办对事,事情就能顺利解决了。雪中送炭或锦上添花,都是人与人关系的一种美好体现。

二七七

贫无达士将金赠,病有高人说药方①。

【注释】

① "贫无达士将金赠"二句:《全宋文·外科精要序》:"又有道听涂说之人,远来问病,自逞了了,诈作明能,谈说异端。或云是虚,或云是实。出示一方,力言奇效,奏于某处。此等之人,皆是贡谀,其实皆未曾经历一病,初无寸长。病家无主,易于摇惑,欲于速效,又喜不费资财,更不待医者商议可服不可服,即欲投之,倏然至祸,各自走散。古人云:'贫无达士将金赠,病有闲人说药方。'

此世之通患,历代不能革。"达士,明智达理之士,见识高超、不同于流俗的人。《吕氏春秋·知分》:"达士者,达乎死生之分。"

【译文】

贫穷了不会有仗义的人赠送你钱财,生病时倒有人告诉你治病的良方。

【点评】

本则说明脱贫还得靠自己,治病还须依他人。

对于贫穷的人,不主张以赠送钱财的方式给予帮助。"救急不救贫"是助人的一个原则。有的人因懒惰而贫穷,如果给予金钱的帮助,他们不改掉懒惰的习惯,把金钱消耗了,会再次进入贫穷状态。资助这样的人,只会滋长他们的惰性与依赖性。

对于生病的人,则要给予积极的救助。当有人生病时,有不少人会帮着出主意、讲药方。当然,这种情况是在古代社会,现在行医要有资格,不是医生,不能给人乱开药方。

二七八

触来莫与竞,事过心清凉①。

【注释】

①"触来莫与竞"二句:据《黄庭坚诗集注·梦中和觞字韵》,在"作云作雨手翻覆,得马失马心清凉"二句之后,注者(任渊、史容、史季温)引用了《淮南子》中"塞翁失马"的事例,并在最后说:"居一年,胡人入塞,丁壮死者十九,此独以跛之故,父子相保。仙人遏末曲曰:'触来勿与竞,事过心清凉。'"触,触犯。竞,争辩,争高下。

【译文】

如果有人触犯自己,不要与他争辩;事情过去之后,心情自然平静。

【点评】

本则旨在劝人"不争"。

遇事应保持冷静、宽容的状态,能放过就放过,退一步海阔天空。无谓的争执,不仅不容易赢,还会消耗精力,甚至得不偿失,两败俱伤。

《世说新语·雅量》记载:支道林要回会稽,当时的名士们到征虏亭为他送行。蔡子叔先到,坐得靠近支道林。谢万石后来,坐得离支道林稍远。蔡子叔中途离开了一会儿,谢万石就移到他的座位上。蔡子叔回来,连着座垫一起把谢万石掀倒在地。谢万石被摔得头巾都掉了,然而他起身后神情极为平和,毫无恼怒之意,对蔡子叔说:"你真是个怪人,差点儿弄伤了我的脸。"蔡回答:"我本来就没有考虑过你的脸面。"说过后,两个人竟然都毫不介意。谢万石在面对他人的触犯时,没有与之发生争执,过后也风平浪静,可谓"触来莫与竞,事过心清凉"了。

当然,事情到底争还是不争,要视具体情况而定,如果是涉及原则性问题,则该争必争。有些事情,如果一开始不争,他人得寸进尺,以后也会后患无穷。

二七九

秋至满山多秀色①,春来无处不花香。

【注释】

①秀色:秀丽的景色。

【译文】

秋天到了,漫山遍野都是秀丽的景色;春天来了,到处都弥漫着花香。

【点评】

本则描述时至花开的自然状态,透露出岁月静好的满足之感,表达了作者对自然之美的感受和体悟。

自然界中事物的出现与时节有关。时节到了，物候自然就出现了。《诗经》的"七月流火""八月剥枣""十月获稻"等等，都是物候的体现。又如"二十四番花信风"，就是应花期而来的风。《呻吟语》言："山峙川流、鸟啼花落、风清月白，自是各适其天，各得其分。"

在散文《记承天寺夜游》中，苏轼记载了自己邀约张怀民赏月散步的情景，最后说："何夜无月？何处无竹柏？但少闲人如吾两人耳。"江山风月，本来没有固定不变的主人，闲者便是主人。只有具备了闲适的心境，人们才能对自然美的千姿百态达到真正的审美把握和艺术享受。正如宋释绍昙在禅诗《颂古》中写道："春有百花秋有月，夏有凉风冬有雪。莫将闲事挂心头，便是人间好时节。"这首禅诗可与这两句遥相呼应。这种清净淡泊之心，是一种理想的人生状态。

时至花开，自然界是如此，人生又何尝不是呢？每个生命都有自己的节奏，顺势而为，静待花开。

二八〇

凡人不可面相，海水不可斗量①。

【注释】

①"凡人不可面相"二句：元无名氏《小尉迟》二折："老将军，古语有云：'凡人不可貌相，海水不可斗量'，休轻觑了也！"海水不可斗量，《淮南子·泰族训》："故九州不可顷亩也，八极不可道里也，太山不可丈尺也，江海不可斗斛也。故大人者，与天地合德，日月合明，鬼神合灵，与四时合信。"面，一作"貌"。

【译文】

人不可根据相貌来判断，海水不能用斗来度量。

【点评】

本则旨在不以貌取人。

一个人的才华等内在品质，与他的相貌、衣着等没有必然关系，只从外表进行考察就会有所偏失。

据《史记·仲尼弟子列传》记载，孔子有个学生叫澹台灭明（字子羽），面貌极丑，孔子认为他没有多大才能。后来，子羽由于勤奋好学，成为著名学者。另一个学生叫宰予（字子我），长得仪表堂堂，又能说会道，孔子认为他将来一定很有出息。然而，宰予非常懒惰，孔子认为他言行不一，曾骂他"朽木不可雕也"。后来，孔子感慨道："吾以言取人，失之宰予；以貌取人，失之子羽。"可见，孔子对自己"以言取人""以貌取人"的方式进行了反思。

三国时的曹操，也亲自试验过"不可以貌取人"。《世说新语·容止》记载，曹操要接见匈奴的使者，他自认为貌不惊人，不足以威慑对方，就让体态雄伟的崔季珪代替他接见，他自己则握刀站在崔季珪身旁做侍从。接待完毕，曹操命令间谍问匈奴使者："魏王这人怎么样？"匈奴使者回答说："魏王雅望非常，然床头捉刀人，此乃英雄也。"匈奴使者能够看出曹操才是真正的英雄，眼光非凡，可见仪容外表并不能掩盖一个人真正的风度内涵。

二八一

清清之水①，为土所防②。济济之士③，为酒所伤。

【注释】

①清清之水：《五灯会元》："问：'如何是道？'师曰：'太阳溢目，万里不挂片云。'曰：'不会。'师曰：'清清之水，游鱼自迷。'问：'如何是本？'师曰：'饮水不迷源。'"

②防：拦挡，阻挡。

③济济之士：众多的才士。《诗经·大雅·文王》："世之不显，厥犹翼翼。思皇多士，生此王国。王国克生，维周之桢。济济多士，文王以宁。"济济，形容人多。

【译文】

清清的水被土所阻挡，众多的才士被酒所伤害。

【点评】

本则劝人戒酒。

酒能养生，也能害命。酒能成事，也能误事。许多英雄，因醉酒而亡，甚至使一世功名付诸流水。三国时的张飞就是其中一例。张飞脾气十分暴躁。在阆中镇守时，听闻关羽被害，悲痛不已。诸位将领以酒相劝，张飞酒醉后，怒气更大。帐上帐下，只要士兵有过失，张飞就鞭打他们，以至于多有被鞭打至死的。范疆、张达是张飞帐下两员末将，受到张飞责打，趁张飞醉酒之际，将他杀害。张飞因酒致死，足以令人引以为戒。饮酒要把握时间和场合，关键是要把握度。若是嗜酒成性，因酒致命，那就得不偿失了。

二八二

蒿草之下①，或有兰香。茅茨之屋②，或有公王。

【注释】

①蒿（hāo）草：败坏田地的草。

②茅茨（cí）之屋：茅草盖的屋。《全宋文·问三代汉唐太学养士之法》："坐茅茨之屋，操南风之琴，可以为陶唐氏、有虞氏乎？曰：尧舜之所以为尧舜，不在是也。"

【译文】

蒿草下面可能长出芳香的兰花，茅草屋里也可能生出王侯。

【点评】

本则讲环境与成才的关系。

英雄不论出处。"王侯将相，宁有种乎？"每个人的成长环境不尽相同，但只要不断突破自己，做出人生正确选择，都可以创造自己的命运。

自古英雄出寒家，从来纨绔少伟男。历史上有很多人都是从贫寒出身，最终成为一代王侯的，刘邦、韩信、朱元璋等人都是大家熟悉的例子。一个人能否成才，能否取得成就，与他的家庭出身没有本质联系，关键是靠个人的后天努力和奋斗。

二八三

无限朱门生饿殍，几多白屋出公卿①。

【注释】

①"无限朱门生饿殍（piǎo）"二句：《全宋文·劝积阴德文》："君不见无限朱门生饿殍，几多白屋出朝郎。岂因风水能如此，盖为前人行短长。风水人间不可无，亦须阴德两相扶。若无阴德凭风水，再生郭璞也难图。"朱门，红色大门。古代王公贵族大门往往漆成红色，后因此指豪门权贵。饿殍，饿死在路旁的人。白屋，无彩饰的房屋，古代为平民之居，因以代指清贫之家或平民百姓。公卿，"三公九卿"的简称，泛指朝廷中的高级官员。

【译文】

许多豪门贵族之家产生了很多饿死的子弟，很多贫寒之家却培养出了公卿王侯。

【点评】

本则讲穷达变化。

豪门贵族得势时耀武扬威,风光无限,失势后会变得悲惨,甚至家破人亡。《红楼梦》中,四大家族繁盛时,有权有势,极尽奢华;失势后,树倒猢狲散,家族变得支离破碎,一败涂地。许多贫穷之家,由于教子有方,也可以培养达官贵人。又或者,有人虽出身贫寒,却志向远大,凭借个人奋斗,终至公卿王侯。"寒门生贵子,白屋出公卿"也在表达相同的意思。

此则给人的警示是,即使身处高官富贵中,也要时时警惕,不因富贵而挥霍浪费,以防止出现家破人亡的悲剧;即使生在贫寒之家,也不要自我放弃,而是要奋发图强,立志成才。

二八四

醉后乾坤大①,壶中日月长②。

【注释】

①乾坤:中国古代哲学的一对范畴。指天地或阴阳两个对立面。《周易》用"乾"表示天和阳,用"坤"表示地和阴。后用来泛指天地。

②壶中日月长:指道家神仙般的生活。《伊川击壤集·小圃逢春》:"事到悟来全偶尔,天教闲去岂徒然。壶中日月长多少,烂占风光十二年。"本句一作"闲中日月长"。《伊川击壤集·何处是仙乡》:"静处乾坤大,闲中日月长。若能安得分,都胜别思量。"

【译文】

喝醉之后就会感到天地广阔,进入神仙世界则会觉得时间漫长。

【点评】

本则记对空间与时间的感觉。

喝醉之后，并不是天地真的变大了，而是自己不知天高地厚了。靠饮酒产生的幻觉来度日，终归是幻象，是错觉，不是现实。这种醉生梦死的态度并不可取。

"壶中日月"有两种理解：一种把壶理解为酒壶。借酒度日，感觉日月漫长。一种指道家或神仙般的生活。据《后汉书·费长房传》《神仙传》等记载，有神仙名叫壶公，在长安卖药，天黑之后就躲入壶中。有个叫费长房的人，知道壶公不是一般人，天天到他座前扫地，并供他吃喝。后来，壶公带领费长房进入壶中，使他得以看到仙宫里才有的世界。

"壶中日月长"一作"闲中日月长"，清闲的时候就会觉得日子漫长。时间是一种客观存在，但人对时间的感觉却因自己的繁忙或清闲而出现差异。人在忙碌时，总感觉时间过得很快，闲下来时，空虚寂寞之感涌上心头，此时，时间会变得无聊而漫长。正如宋陆游在《杂赋》里写道："老叹朋侪尽，闲知岁月长。柴门偶一出，倚杖立斜阳。"

把喝醉酒后的感觉，说成是神仙一样的生活，其实是一种自欺欺人的做法。

二八五

万事皆先定，浮生空自忙①。

【注释】

①"万事皆先定"二句：《全元曲·风雨像生货郎旦》："耕牛无宿草，仓鼠有余粮。万事分已定，浮生空自忙。"

【译文】

所有的事情都早已命中注定，这辈子的忙碌都是枉然空忙。

【点评】

这是宿命论的典型观点，它消解了人的主观能动性。

　　《了凡四训》一书记载了袁了凡打破命定论的故事。袁了凡早年的命运被一位算命高手算定,他每次考试的名次和工作后升迁的情况等都被算得丝毫不差。从此,袁了凡也就完全相信了命运的安排,真的抱着"命里有时终须有,命里无时莫强求"的态度消磨度日了。按算命先生的说法,他命里无子,只能活到53岁。这样的命运结局未免让他伤感悲凉。36岁时,他拜访云谷禅师。经过点拨,袁了凡领悟了立命之学,明白了命运掌握在自己手中,只要积善累德、谦恭卑下,就能求福得福,善报无尽。他运用云谷禅师传授的方法修行,命运彻底改变了。后来,他不仅有了两个儿子,还活到了73岁。袁了凡以自己改变命运的经验来"现身说法",说明了"命由我作,福自己求",人们完全可以掌握和改变自己的命运,自求多福。

二八六

千里送毫毛①,寄物不寄失。

【注释】

①千里送毫毛:比喻礼物虽如毫毛般微薄,情谊却很深厚。宋欧阳修《梅圣俞寄银杏》诗:"鹅毛赠千里,所重以其人。鸭脚虽百个,得之诚可珍。"据明代书画家、文学家徐渭《青藤山人路史》记载:"云南俗传,昔代土官缅氏,遣缅伯高贡天鹅于中朝,过沔阳,浴之,飞去,俄堕一翎。高拾之,至阙下,上其翎,作口号云:'将鹅贡唐朝,山高路远遥。沔阳湖失去,倒地哭号号。上覆唐天子,可饶缅伯高。礼轻人意重,千里送鹅毛。'"按:此不知何祖,恐属傅会之说。毫毛,人或鸟兽身上的细毛或长毛。比喻极细微的事物。

【译文】

千里之外帮人寄送毫毛般轻微的物品,也不能有所丢失。

【点评】

本则讲重视信誉。

本句中的"毫毛"指像毫毛一般极细微的物品。受人委托寄送东西，哪怕是再细小的物品，也不能弄丢了。一则是职责所在，"受人之托，忠人之事"；二则物品虽然轻微，但对于寄送方和接受者来说都是有特殊纪念意义的。完整而及时地把所托物品送至接受者手中，寄送人才算胜利完成任务。

本则一作"千里送毫（鹅）毛，礼轻情（人）意重"。意思是从千里之外送来一根细毛（或鹅毛），礼物虽然很轻，但情意很重。本则旨在教人珍惜他人美好的情谊。跨越千山万水，所送物品的大小多少已经不重要，重要的是这份难得的心思，就像"江南无所有，聊赠一枝春"。

其实，即使不是千里相赠，只要有情有意，都是值得珍重的。

二八七

一人传虚，百人传实①。

【注释】

①"一人传虚"二句：南唐释静、释筠《祖堂集·齐云和尚》："师有时上堂，蓦地起来，伸手云：'乞取些子，乞取玅子。'又云：'一人传虚，万人传实。'"

【译文】

一个人传说某件事会被认定为虚假，百人相传就会被认为是真实的了。

【点评】

本则慨叹谎言重复后会被当作真理。

《战国策》记载了曾参遭误传杀人的故事。曾子住在费这个地方时，有个与曾子同名同姓的族人杀了人。"人告曾子之母曰：'曾参杀人！'曾子之母曰：'吾子不杀人。'织自若。有顷焉，人又曰：'曾参杀人。'其母尚织自若也。顷之，一人又告之曰：'曾参杀人。'其母惧，投杼逾墙而走。"后来，等曾子回到家，一切才真相大白。谣言被传三次，连自己的母亲都起了疑心，何况他人呢？"众口铄金，积毁销骨。"流言可畏，令人不寒而栗。

《韩非子·内储说上》所载"三人成虎"的故事也是一样的道理。"庞恭与太子质于邯郸，谓魏王曰：'今一人言市有虎，王信之乎？'曰：'不信。''二人言市有虎，王信之乎？'曰：'不信。''三人言市有虎，王信之乎？'王曰：'寡人信之。'庞恭曰：'夫市之无虎也明矣，然而三人言而成虎。今邯郸之去魏也远于市，议臣者过于三人，愿王察之。'"遗憾的是，尽管庞恭有言在先，等他从邯郸返回时，还是没有被魏王接见。

谎言重复千遍，就会被当作真理。大街上根本没有老虎，这是确凿无疑的，只是因为人们都这么说，才会被当成真有其事。

上述两则故事告诉我们，在现实生活中既不要信谣，更不能传谣，要善于从纷繁复杂的社会中认真分析，谨慎思考，要时刻保持一颗清醒的头脑，保持判断力。

二八八

世事明如镜，前程暗似漆。

【译文】
世上的事像明镜一般清朗明亮，而个人的前程却像漆一样黑暗无边。

【点评】
本则慨叹怀才不遇，前途黑暗。

"世事明如镜"是一句反语，作者不便对当时的政治做出直接的批判,为了自我保护,只能用这样的方式来表达。封建社会政治的黑暗使得很多饱学之士没有机会被重用,即使有些人已经到了一定的位置上,也无法发挥自己的才华,由此发出"前程暗似漆"的慨叹。

二八九

人生一世,如驹过隙[①]。

【注释】

①"人生一世"二句:《庄子·知北游》:"人生天地之间,若白驹之过隙,忽然而已。"驹(jū),少壮的骏马。隙(xì),缝隙。

【译文】

人生一世,犹如白驹过隙,一闪而过。

【点评】

本则慨叹时光易逝,人生短暂。

人生苦短,如白驹过隙,只是一瞬间的事。庄子对时间的这个比喻十分犀利。古人对时间的比喻很多,如本书的"人生一世,草木一春""光阴似箭,日月如梭"等。

"流光容易把人抛,红了樱桃,绿了芭蕉。"面对有限的人生,如何利用时间,就成为一个人需要认真思考的终极问题。

二九〇

良田万顷,日食一升。大厦千间,夜眠八尺[①]。

【注释】

①"良田万顷(qǐng)"四句:《全宋文》吕颐浩《与雪峰清了书》:"某

幼年闻真定赜老云：'良田万顷，日食二升。广厦千间，夜眠八尺。'"在《记陈彦升事》一文中，吕颐浩再次提及此人："陈彦升有甥孙无求，业进士，博学能文。因览照而悟，遂祝发为僧，改名宗颐。住真定府洪济寺，踰三纪。其《语录》云：'良田万顷，日食二升；广厦千间，夜卧八尺。'士人传诵。后住真州长卢寺，寿八十余卒。推此语，则所向足矣！"顷，田地面积单位。一顷等于一百亩。

【译文】

即使家有良田万顷，每日吃的也不过一升；即使拥有大厦千万间，晚上睡的地方也不过八尺大小。

【点评】

这一则教人戒贪。

人真正的日常所需是有限的，但人的欲望往往是无限的。

《射雕英雄传》第四十回"华山论剑"中，郭靖问成吉思汗："人死之后，葬在地下，占得多少土地？"成吉思汗一怔，马鞭打个圈儿，道："那也不过这般大小。"郭靖道："是啊，那你杀这么多人，流这么多血，占了这么多国土，到头来又有何用？"成吉思汗默然不语。小说的这番对话与本则内容有异曲同工之妙，都富有哲理，发人深省。

二九一

千经万典，孝义为先①。

【注释】

①"千经万典"二句：元史弼编《景行录》："千经万典，孝义为先。天上人间，方便第一。"孝义为先，一作"孝弟为先"。

【译文】

千万的经典，都把孝义摆在首位。

【点评】

本则强调孝与义。

"百善孝为先。"封建时代,"孝"是维持社会制度和伦理秩序的基本道德力量,是为人处世的重要法则。《论语·学而》云:"孝弟也者,其为仁之本与!"后来,出现了专门阐述孝道的《孝经》,《孝经》被视为科举仕宦的阶梯、伦理道德的规范。至元代,"二十四孝"的故事广为流传。孝敬父母,天经地义,也是中华民族的传统美德,应该发扬光大。但要反对"愚孝",比如"郭巨埋儿""卧冰求鲤"等"愚孝"就很不可取。

"义"指仁义、道义等是儒家文化的重要思想。孔子十分重视"义",提出"君子义以为上。君子有勇而无义为乱,小人有勇而无义为盗""君子喻于义,小人喻于利"等观点。孟子进一步阐释了"义",甚至提出"舍生取义"的命题。本书也有很多地方提及"义",如"钱财如粪土,仁义值千金"。"仁义"可谓中华文化传统美德的最高准则。

二九二

一字入公门,九牛拖不出①。

【注释】

① "一字入公门"二句:《五灯会元》:"问:'无为无事人,犹是金锁难。未审过在甚么处?'师曰:'一字入公门,九牛曳不出。'曰:'学人未晓,乞师方便。'师曰:'大庾岭头,笑却成哭。'"一字,这里指一纸讼状。

【译文】

一旦一纸讼状送进衙门,九头牛的力气也拖不出来。

【点评】

本则喻指诉讼之难。

封建社会,官府黑暗,司法腐败,百姓打官司难。一旦开始诉讼,就麻烦缠身,难以摆脱。一方面是时间上的漫无边际,长拖不决;一方面是金钱上的不断投入,无底无边。即使是被冤枉的,一旦吃了官司,也很难尽快洗冤。很多人家往往就被一个小官司给拖累了。鉴于此,百姓有"打死不打官司"之说。

司法腐败也造成了大量冤狱。元代关汉卿杂剧《窦娥冤》中被冤枉的窦娥,清代曹雪芹《红楼梦》贾雨村徇情枉法胡乱判案,都是对现实冤狱的艺术反映。《红楼梦》中,贾雨村到应天府上任后,接手的第一个案子就是冯渊的人命案。当听说冯家的仆人告了一年的状,竟无人做主时,贾雨村新官上任,本想当一回包青天,但在各种利益的权衡下,最终胡乱判了此案。

二九三

衙门八字开①,有理无钱休进来。

【注释】

①衙(yá)门八字:旧时官署衙门的门墙呈八字形。俗话说:"天下衙门朝南开。"这是由于传统的衙署坐北朝南决定的。

【译文】

官衙的大门向南敞开着,但只有理没有钱的人就不要进来。

【点评】

本则揭露旧衙门认钱不认理的黑暗。

封建社会的衙门大多腐败黑暗,贪官们官官相护,贪赃枉法,巧取豪夺,欺压百姓。没钱即使再有理,老百姓也打不赢官司。《北史·魏阳平王熙传》记载,后魏宗室拓跋庆智为人贪得无厌,任太尉主簿时,事无大小,得钱后才判。钱也不计多少,或十数钱,或二十钱,给就收下。府中称其为"十钱主簿"。可见,在拓跋庆智那里,要想不花钱就打官司是不可能的。正是因为司法黑暗,老百姓才特别企盼包青天那样公正无私的法官,对屈指可数的清官寄予了厚望。

二九四

富从升合起,贫因不算来①。

【注释】

①"富从升合起"二句:《全唐诗补编》:"富从升合起,贫从不计来。"升合,容量单位。比喻数量很少。不算,不算计、不仔细计划。

【译文】

富裕源于一升一合的精打细算、节约积攒;贫穷则是由不加考虑、随意挥霍导致的。

【点评】

本则劝人节俭。

对普通家庭来说,勤俭持家才是过日子的正道。一方面要勤奋劳动,不断开源,增加家庭财富;另一方面也要注重节俭,把好节流,防止财富流失。持家过日子要学会精打细算,杜绝铺张浪费。

二九五

家中无才子,官从何处来①。

【注释】

①"家中无才子"二句:《全唐诗续拾》:"天地平如水,王道自然开。家中无学子,官从何处来。"家中无才子,一作"家无读书子"。

【译文】

家中没有读书的才子，怎么能有人做官呢？

【点评】

本则讲家有才子的重要性。

中国古代是一个官本位的社会，"学而优则仕"是一条常规的人生出路。要想做官，就得读书成为才子。

当今社会，读书成为每个人适应社会工作的需要。不论从事何种工作，是不是做官，都越来越需要专业知识与技能，读书学习成为提升个人素养的根本。

二九六

万事不由人计较，一生都是命安排①。

【注释】

①"万事不由人计较"二句：《荆钗记》第二十三出《觅真》："（末上）万事不由人计较，一生都是命安排。王秀才把荆钗为定，如何便得成亲。只因小娘子不从孙宅，老安人怂性，把他嫁了王秀才。"

【译文】

万事都不因为个人计较而改变，一生的贫富都是命中注定的。

【点评】

本则劝人认命。

这两句与"万事皆先定，浮生空自忙"一样，是宿命论思想的反映。若迷信命运，听从其摆布，只会过消极的人生，终将无所事事，走向平庸。

人是认识和改变世界的主体。每个人的命运都掌握在自己手中。

二九七

急行慢行,前程只有多少路。

【译文】

不管是快走,还是慢走,前程都只有那么多路,无法改变。

【点评】

本则在一定程度上也是一种宿命论观点。

人生有限,生命有终点。这两句话认为,无论快还是慢,人生所取得的结果都是一样的。这在一定程度上也抹杀了个人的积极性。

当然,人生全是慢行,可能也不行。慢行会贻误机会,浪费时间。人生应该把握恰当的节奏,张弛有度,快慢相间,该快进时要急行,该慢行时要享受,如此方不辜负了生命这一旅程。

二九八

人间私语,天闻若雷。暗室亏心,神目如电①。

【注释】

①"人间私语"四句:元无名氏《朱砂担滴水浮沤记》四折:"人间私语,天闻若雷。暗室亏心,神目如电。兀那铁幡竿白正,你还不认的我哩。你当日在我神庙中,滴水浮沤之下,将王文用图财致命,又淹死了他父亲,强夺了他妻室。你今日恶贯满盈,有何理说?"

【译文】

人间说私话,上天听得像打雷一样清楚;人做昧心事,神灵看得像闪电一样分明。

【点评】

本则劝人"慎独",不做亏心事。

　　背地里说的悄悄话，暗地里做的亏心事，上天与神灵都听得见，看得到。《全元诗》李孝光《四知图》："人间私语如雷动，暮夜如何可受金。政坐当年轻取友，故人不是不知心。"

　　民间俗语"人在做，天在看"与这几句意思一样，主要是提醒人们"慎独"，不欺人，不自欺。

二九九

一毫之恶，劝人莫作。一毫之善，与人方便[①]。

【注释】

①"一毫之恶"四句：唐吕岩《劝世》："一毫之善，与人方便。一毫之恶，劝君莫作。衣食随缘，自然快乐。"

【译文】

一丝一毫的恶事，劝人不要去做；一丝一毫的好事，也要给别人方便。

【点评】

本则劝人弃恶积善。

大善大恶都是从细小发展起来的。点滴的善，不断积累，也可以成就大善。《尚书·旅獒》上说："不矜细行，终累大德。"点滴的恶，如果一开始不加遏制，发展下去可能会成为大恶。事物的变化都是由小变大，由量变到质变的。在小的行为上不谨慎，终究会连累到大的德行。所以"勿以恶小而为之，勿以善小而不为"。

三〇〇

亏人是祸，饶人是福[①]。

【注释】

①"亏人是祸"二句：唐吕岩《劝世》："算是甚命，问什么卜。欺人是祸，饶人是福。"饶人，宽恕他人。

【译文】

欺负别人是灾祸，宽恕他人是福气。

【点评】

本则言亏欠别人是祸患，宽恕别人是福德。

亏欠别人，自己会良心不安，别人也可能会"以其人之道，还治其人之身"。从这个意义上来说，亏欠他人就是祸害自己。

饶人就是宽以待人。孔子讲"恕"，即"己所不欲，勿施于人"，这是人与人之间相处的黄金法则。北宋林逋《省心录》云："和以处众，宽以接下，恕以待人，君子人也。""得饶人处且饶人"，尽量宽恕别人，是一种福报。

据《史记·秦本纪》载，秦缪公（一作秦穆公）外出时丢了马，他找到时发现马已被人杀死，那些人正在吃马肉。他说："这是我的骏马啊。"那些人吓得都连忙站了起来。秦缪公说："我听说吃马肉不喝酒会死人的。"于是立即给每个人都赏了酒。三年后，晋国攻打秦国并围困了秦缪公。那些吃马肉的人说，是时候拼死报答赏酒的恩人了。他们突破了晋军的包围，秦缪公得以解围。可以说，正是因秦缪公当初的宽恕，才有了后来他人的舍命相助。这个故事可以作为"饶人是福"的注脚吧。

三〇一

天眼恢恢，报应甚速。圣贤言语，神钦鬼伏①。

【注释】

①"天眼恢恢（huī）"四句：唐吕岩《劝世》："天眼昭昭，报应甚速。谛听吾言，神钦鬼伏。"天眼恢恢，一作"天网恢恢"。恢恢，形容

非常广大。

【译文】

天眼明察,做事报应来得很快。圣贤言语,神鬼听了都钦佩。

【点评】

本则警醒世人行正道,做善事。

把人世间的事情交由上天来判断,用善恶报应的思想来解释人间的行为,这是古人认识的局限。虽然如此,"天眼昭昭,报应甚速"仍然具有警示意义:既然人的所作所为都能够被上天明鉴,善恶的因果报应又十分快速,那人就应行正道,做善事。

另一方面,从"圣贤言语,神钦鬼伏"也可以看出圣贤话语的强大影响力。圣贤的言语为什么会有这么强大的力量呢? 因为它们一般揭示了事物发展的规律和社会运行的法则,具有很强的指导性和预见性,令鬼神都为之惊叹和钦佩。

三〇二

人各有心^①,心各有见。

【注释】

①人各有心:每人都有自己的打算。《三国志·魏书·三少帝纪》:"孙休病死,主帅改易,国内乖违,人各有心。"

【译文】

每个人都有自己的打算,每人的打算都各有主见。

【点评】

本则说每个人都有自己的想法。

每个人都有自己的主张,难免会出现不同的意见。这是很正常的现象。如何对待这不同的意见呢? 古人给出了一种合理的解决方案——

"和而不同"。《论语·子路》:"子曰:'君子和而不同,小人同而不和。'"君子待人和谐友善,但不求与对方苟同;小人迎合对方,但内心却没有和谐友善的态度。"和而不同"就是尊重对方,但不强求对方与自己保持一致。这样的思想在指导人际交往以及社会沟通中具有重要的价值意义。

三〇三

口说不如身逢,耳闻不如目见^①。

【注释】

①"口说不如身逢"二句:《旧唐书·辛替否传》:"臣尝以为古之用度不时,爵赏不当,破家亡国者,口说不如身逢,耳闻不如眼见。"耳闻不如目见,源于汉刘向《说苑·政理》:"夫耳闻之,不如目见之;目见之,不如足践之。足践之,不如手辨之;人始入官,如入晦室,久而愈明,明乃治,治乃行。"

【译文】

嘴上说的不如亲身经历的实在,耳朵听到的不如亲眼看见的可靠。

【点评】

本则揭示把握事物的真相需要身体力行。

公元前61年,汉宣帝得知羌人叛乱,便派人问已七十有余的老将赵充国,谁可担任大将平乱。赵充国"毛遂自荐",汉宣帝又派人问需要多少人马迎战。赵充国说:"百闻不如一见,军情不能遥测。我愿到金城实地查看,弄清情况再制定方略。羌戎小贼,逆天背叛,很快就要灭亡。愿陛下将此事交给老臣,不必忧虑。"正因为赵充国不纸上谈兵,而是深入实地调查研究,才在进攻西羌时最终获得胜利。

三〇四

养军千日，用在一时①。

【注释】

①"养军千日"二句：元马致远《汉宫秋》第二折："我养军千日，用军一时。空有满朝文武，那一个与我退的番兵！都是些畏刀避箭的。"《晋书·文帝纪》："相府兵将，止不敢战。贾充叱曰：'公畜养汝辈，正为今日耳。'"乃此语所本。用在一时，一作"用在一朝"。

【译文】

长期供养和训练军队，为的是危急时刻能用兵打仗。

【点评】

本则揭示了一种长期战备、未雨绸缪的思想。

《南史·陈暄传》中有言："兵可千日而不用，不可一日而不备。"这里虽然说的是养军，对生活的其他方面也有借鉴意义。只有平时注重积蓄力量，在必要时才能够补给得上。

春秋战国时期的养士之风，与"养军千日，用在一时"的思想很相近。所谓"养士"，就是名门望族或大户人家供给那些有特殊本领的人衣食住行等，在重大问题或关键时刻请他们为自己出谋划策。当时，养士名气最大的实力派人物当属"四公子"：魏国信陵君、楚国春申君、赵国平原君、齐国孟尝君。比如齐国的孟尝君，喜欢招纳各种不同类型的人做门客，号称宾客三千。有一次，孟尝君出使秦国时被秦昭王扣留，他的一个食客装狗钻入秦营，偷出狐白裘献给昭王的爱妾，通过她说情放走了孟尝君。孟尝君逃至函谷关时，城门关闭，孟尝君的另一食客学鸡叫，引发众鸡齐鸣，骗开城门，孟尝君才得以逃回齐国。孟尝君平时养的这些"鸡鸣狗盗"之徒，在危机时刻起到了关键作用，可谓是"养军千日，用在一时"。

三〇五

国清才子贵，家富小儿骄^①。

【注释】

①"国清才子贵"二句：《五灯会元·宝峰克文禅师》："上堂：'裈无裆，袴无口。头上青灰三五斗。赵州老汉少卖弄，然则国清才子贵，家富小儿骄。其奈禾黍不阳艳，竞栽桃李春，翻令力耕者，半作卖花人。'"

【译文】

国家政治清明，有才华的人就受到尊重；家庭富裕了，孩子就容易被骄纵。

【点评】

本则旨在尊重人才，但不要骄纵孩子。

从古至今，人才都是决定民族兴亡、国家发展的重要资源。国家政治清明，人才就会受到重视。人才受到重视，国家才能更好地发展。周公（姬旦）为了招聘天下英才，"一沐三握发，一饭三吐哺"，迫不及待地去接待贤士。"周公吐哺"也成为流传千古的重视人才的成语。曹操在《短歌行》中也赞叹"周公吐哺，天下归心"。

富裕的家庭，由于经济条件好，加之爱子心切，就容易对后代娇生惯养。这样的孩子往往自负自大，骄纵蛮横。"家富小儿骄"提醒人们，对子女应疼爱但不能溺爱。

三〇六

利刀割体痕犹合，恶语伤人恨不消^①。

【注释】

①"利刀割体痕犹合"二句：《五灯会元·法昌倚遇禅师》："上堂：'汝若退身千尺，我便当处生芽。汝若觌面相呈，我便藏身露影。汝若春池拾砾，我便撒下明珠。直得水洒不着，风吹不入，如个无孔铁锤相似。且道法昌还有为人处也无？'良久曰：'利刀割肉疮犹合，恶语伤人恨不销。'"

【译文】

锋利的刀刃割伤了身体，疮口容易愈合；恶毒的语言中伤了人，积下的仇恨却不容易消除。

【点评】

本则戒恶语伤人。

本则与"伤人一语，利如刀割""好言难得，恶语易施""良言一句三冬暖，恶语伤人六月寒"等意思相同，劝人勿恶语伤人。

三〇七

公道世间惟白发，贵人头上不曾饶①。

【注释】

①"公道世间惟白发"二句：唐杜牧《送隐者一绝》："无媒径路草萧萧，自古云林远市朝。公道世间唯白发，贵人头上不曾饶。"

【译文】

世间只有白发最公道，即使是达官贵人的头上也决不饶过。

【点评】

本则呼吁世间公道，并感叹时间之公正。

在这首诗里，杜牧揭露了世间的不公，暗示自己求官"无媒"，怀才不遇。杜牧叹息英雄无用武之地，痛恨扼杀人才的社会势力，呼吁世间公道。南宋胡仔《苕溪渔隐丛话》中云："牧之云:'无媒径路草萧萧,自古云林远市朝。公道世间惟白发,贵人头上不曾饶。'罗邺云:'芳草和烟暖更青,闲门要路一时生。年年点检人间事,惟有春风不世情。'余尝以此二诗作一联云:'白发惟公道,春风不世情。'盖穷人不偶,遣兴之作。"诗中"惟"字,包含言外之意:除了白发,人世间再没有公道可言。社会不公正,在诗人笔下得到深刻揭露和有力鞭挞。

宋代范成大在《重九日行营寿藏之地》一诗中说:"家山随处可行楸,荷锸携壶似醉刘。纵有千年铁门限,终须一个土馒头。"人生在世,唯有生老病死是公正的,不管你是富贵还是贫贱。

三〇八

有钱堪出众①,无衣懒出门。

【注释】

①有钱堪出众:有钱的人显得出众。堪,能够,可以。

【译文】

有钱的人就显得与众不同,没有衣服的人就懒得出门。

【点评】

本则讲物质对人的影响。

钱财有时使人自信。钱财多的人,如果乐善好施,可以有充足的资金去办有益的事,自然可以成为众人赞扬的对象。而没钱的人,则常常受困于资源所限,面对想做的事情时心有余而力不足。

有钱堪出众,一作"有才堪出众",意为有才华的人显得与众不同。这两句的侧重点不同,分别突出了钱财与才华对人的影响。

常言道:"人靠衣裳,马靠鞍装。"合适的衣服可以衬托人的形象,彰显人的气质,给人以尊严和体面。没有合适的衣服,就没有心情和自信

参加各种活动。摆脱这种困境的办法,是不断提升本领,使自己变得优
秀和富有,穿着得体的服装自信出门。

三〇九

为官须作相,及第必争先①。

【注释】

①"为官须作相"二句:明徐霖《绣襦记》:"云程快着祖生鞭,月桂
高扳看锦旋。素志为官须作相,高才及第必争先。"及第,旧称科
举中试为"及第"。

【译文】

做官就要做宰相,科举考试就要争头名。

【点评】

本则劝人力争上游。

在传统观念上,古人读书就是为了做官,官做得越大,则荣耀越大。
在百官之中,最为尊贵的莫过于相。做到宰相的职位是每一个读书人
的梦想,而要实现这个目标,就要刻苦读书,科举及第。正像《古诗十九
首》所言:"何不策高足,先据要路津?"

现在看来,这两句是古代功利主义观念的反映,但包含了一种奋勇
争先的精神。无论做什么事,都应尽最大力量做到最好。

三一〇

苗从地发①,树向枝分。

【注释】

①发:指发芽,萌发。

【译文】

幼苗从地里长出来,树枝从树干上分出来。

【点评】

本则讲同根同源。

树苗从地里长出,长到空中,然后分枝开叉。虽然开叉了,还是同一个根,由此喻指做事不要忘记根本。从家庭的角度看,父子、兄弟无论怎样,都是同根同源,只有合在一起,才是完整的家,家庭才能兴旺,日子才能过得红火。从社会的角度看,同姓之人,追根溯源,也还是同根同宗。从国家的角度看,虽然很多人分散各地,毕竟还是华夏一脉。可见,追根溯源,可以生出团结的力量。

三一一

父子和而家不退,兄弟和而家不分。

【译文】

父子亲近,家道不会衰退;兄弟和睦,家庭就不会分崩离析。

【点评】

本则讲家庭和睦的重要性。

"家族观"是传统中国的重要观念。在中国人的心目中,家族就如同一棵大树,只有枝繁叶茂才算昌盛,只有整体存在才不会分裂衰落。父子和睦相处,家庭才能一直延续下去而不断绝,家道才不会衰退;兄弟相和,才能互相帮衬、各自强大,才能使整个家族更加强盛,家庭也不会分裂。

家和万事兴,只有家庭和睦了,事业才会有成功的保障。

三一二

官有正条①，民有私约②。

【注释】

①正条：指国家正式颁布的法规条文。《金史·刑志》："九年，因御史台奏狱事，上曰：'近闻法官或各执所见，或观望宰执之意，自今制无正条者皆以律文为准。'"

②私约：私下签订的契约。

【译文】

国家有正式颁布的法规条文，民间有私下签订的契约。

【点评】

本则讲法律与契约。

"没有规矩不成方圆，没有五音难正六律"。人类社会要能够和谐共存，必须有一套共同的行为准则来约束。国法、民约都是这种约束和准则。古代社会有一整套制度规范：国有国法，乡有乡约，家有家规。当今社会，仍然需要各种规范，国家有法律、学校有校规。正是依靠这些制度规范，人们的行为才有所约束，从而保证社会的稳定和有序运转。

遵守契约，诚信做人，是人立足社会的基础。

三一三

闲时不烧香，急时抱佛脚①。

【注释】

①"闲时不烧香"二句：宋张世南《游宦纪闻》："云南之南有番国，俗尚释教，人犯罪应诛者，捕之急，趋往寺中。抱佛脚悔过，愿髡

发为僧,以赎前罪,即贳之。谚云:'闲时不烧香,急则抱佛脚。'本此。"急时抱佛脚,宋刘攽《中山诗话》:"王丞相嗜谐谑。一日,论沙门道,因曰:'投老欲依僧。'客遽对曰:'急则抱佛脚。'王曰:"'投老欲依僧',是古诗一句。'客亦曰:"'急则抱佛脚',是俗谚全语。上去投,下去脚,岂不的对也?'王大笑。"抱佛脚,原指信仰佛教,钻研佛理。唐孟郊有《读经》诗:"垂老抱佛脚,教妻读黄经。"谓年老信佛,以求保佑,有临渴掘井之意。后因称平时无准备而事急时仓猝张罗为"临时抱佛脚"。

【译文】

平时空闲时不去烧香拜佛,等有事着急时才去抱佛脚祈求保佑。

【点评】

本则讥讽仓促行事者,教人应未雨绸缪。

"临渴掘井",为时已晚。《黄帝内经·素问》有言:"夫病已成而后药之,乱已成而后治之,譬犹渴而穿井,斗而铸锥,不亦晚乎!"《晏子春秋》记载了一则故事:春秋时,鲁昭公逃离自己的国家投奔齐国,齐景公问他为何落得如此地步,鲁昭公说:"我不懂用人,又听不进谏言,导致身边都是奸佞小人,无人辅佐,因此失去政权。"景公听了问晏子:"如果帮助鲁昭公回国,他会成为贤明国君吗?"晏子说:"不然。夫愚者多悔,不肖者自贤,溺者不问隧,迷者不问路。溺而后问隧,迷而后问路,譬之犹临难而遽铸兵,临噎而遽掘井,虽速亦无及已。"比喻事到临头才着手准备,为时已晚。清代朱柏庐《治家格言》提醒世人:"宜未雨而绸缪,毋临渴而掘井。"平时要多做准备,多做预案,不要事到临头,再仓促行事。

三一四

幸生太平无事日^①,恐逢年老不多时。

【注释】

①太平无事日:指太平盛世。宋金君卿《梦赋诗寻得唐韵册检看见思字韵》:"太平无事日,藩服尽宾门。九奏张新乐,千官奉至尊。"

【译文】

有幸生活在太平无事的日子里,就恐怕到了老年这样的日子就不多了。

【点评】

本则忧老。

这两句,一方面是对太平盛世的留恋,一方面是对未来生活的担忧。

历史上多战乱,天灾人祸频仍,能够生活在太平盛世,自然是人生的大幸事。作者担心这种盛世不能持续一生,所以忧虑年老后的生活。这不是杞人忧天,而是真实的忧虑。反观今天的太平盛世,我们更应该倍加珍惜,只争朝夕。正像有人说:"哪有什么岁月静好,只不过有人替你负重前行。"

三一五

国乱思良将,家贫思贤妻①。

【注释】

①"国乱思良将"二句:《史记·魏世家》:"魏文侯谓李克曰:'先生尝教寡人曰"家贫则思良妻,国乱则思良相"。今所置非成则璜,二子何如?'李克对曰:'臣闻之,卑不谋尊,疏不谋戚。臣在阙门之外,不敢当命。'"

【译文】

国家战乱时期望优秀的将领,家里贫困时想要贤惠的妻子。

【点评】

本则说愈是困危之时,愈显示用人得当的重要。

良将是国家栋梁之材，能为救国救民出谋划策，并为国家扛起重任。贤妻能与丈夫同甘共苦，孝老养幼，为家庭分忧。当遇到重大危机或人生困境时，他们的重要性体现得更为充分。"沧海横流，方显英雄本色"。

据《三国志·魏书·郭嘉传》记载，曹操征讨荆州回来，行至巴丘时，军中发生病疫，只得烧掉船只，曹操叹息道："若是郭奉孝（郭嘉的字）还在，我何至于弄到如此地步啊。"郭嘉有鬼才之称，为曹操统一北方立下了汗马功劳，被称为"才策谋略，世之奇士"。所以，曹操才在危难之时想到这位"良将"。

既然懂得良将和贤妻的价值，平时就要多加珍惜善待，不要待到陷入困境之时再去企盼，那时往往悔之晚矣。

三一六

池塘积水须防旱①，田地深耕足养家。

【注释】

①积水：蓄水。

【译文】

池塘里平日积水以防天旱，田地深耕细作足以养家糊口。

【点评】

本则旨在告诫人们居安思危，有备无患。

积水才能防旱，勤劳方可养家，这是古人忧患意识的体现。人生不怕准备充分，最怕猝不及防。农业社会，靠天吃饭，若遇大旱，庄稼不收，就会挨饿，所以抗旱是一件大事。要抗旱就要早做准备，池塘平日多积水，就是一项重要的防患措施。

要想农业收成好，就得人员多勤劳。俗话讲"人勤地不懒"，这是农业社会人们的养家谋生之道。只有辛勤劳动，才足以发家致富。

这两句与前文"养儿防老,积谷防饥"的思想一致。

三一七

根深不怕风摇动,树正何愁月影斜①。

【注释】

①"根深不怕风摇动"二句:明《寻亲记》:"(末)娘子请受了这米肉,(旦)米肉无功怎受之。(末)一言已定做夫妻。(丑)根深不怕风摇动,(旦)树正何愁月影移。"

【译文】

树大根深,就不怕大风摇动;树身端正,就不担心月色下树影倾斜。

【点评】

本则旨在固本强基。

这两句比喻只要根基稳固,就不怕外力干扰;也比喻自身行为端正,就不怕他人诽谤。

现实生活中的人难免会遭受他人的非议,但只要自己行为端正,问心无愧,就不怕流言蜚语。常言道:"身正不怕影斜,脚正不怕鞋歪。"

清代郑板桥有《竹石》诗:"咬定青山不放松,立根原在破岩中。千磨万击还坚劲,任尔东西南北风。"只要自己立根深稳,千磨万击也不会被打倒。中医中"正气存内,邪不可干"也是这个道理。一个人身上正气旺盛,阳气充足,邪气难以入侵体内,就不会生病了。

三一八

奉劝君子,各宜守己。只此呈示①,万无一失②。

【注释】

①呈：恭敬地往上递送。示：给对方看。

②失：闪失。

【译文】

奉劝天下的君子，各自要坚守住自己的本分。只要按照以上的准则来行事，可保做事不会有闪失。

【点评】

本则是整本书的结语，对读者提出希望，揭示阅读本书的意义。

由结语可见，作者编辑这部书的目的是指导人们的日常生活。作者对这些准则深为认同，认为可保"万无一失"。

无可否认，本书中的绝大部分内容具有积极意义，比如珍惜时间、力争上游的奋进思想，比如未雨绸缪、居安思危的忧患意识，比如知足知止、物极必反的生存智慧等等，这些对于我们今天的为人处世具有很强的指导作用。但这部书毕竟是封建社会、农业时代的产物，不可避免地带有时代印痕和一定的思想局限，如宿命论、因果报应、男尊女卑的观念、消极颓废的思想等等。

今天，我们应辩证地加以看待，"取其精华、去其糟粕"，这也是我们重新学习这本书的价值和意义所在。